젊음 · 삶 · 터널

젊음 · 삶 · 터널

초판 1쇄 인쇄 2009년 3월 5일
초판 1쇄 발행 2009년 3월 10일

지은이 | 김인자
펴낸이 | 김태봉
펴낸곳 | 도서출판 띠앗
등 록 | 제4-414호

편 집 | 김주영, 김미란, 박창서
마케팅 | 김영길, 김명준
홍 보 | 장승윤

주소 | (우143-200) 서울시 광진구 구의동 243-22
전화 | (02)454-0492
팩스 | (02)454-0493
이메일 ddiat@ddiat.co.kr
홈페이지 www.ddiat.co.kr

값 10,000원
ISBN 978-89-5854-062-5 (03810)

젊음 · 삶 · 터널

김인자 시집

도서출판 띠앗

시인의 말

이 글을 쓰기까지는
아픔도
서러움도

많이
많이 있었다

그동안
성원
해
주신
여러분께

먼저
먼저
감사의 말씀 올리고요

있는
자
없는
자

모두
함께 즐깁시다

글귀는
시고 재미
느낄 수 있도록 썼습니다
감사합니다

— 김진호의 누이 올림

목 차

시가 있는 이야기 · 1

시가 있는 이야기 · 2

시가 있는 이야기 · 3

시가 있는 이야기 · 4

시가 있는 이야기 · 5

시가 있는 이야기 · 1

봉선화 꽃 연정아
예쁜 꽃 다 모아도
너만 한 꽃 색깔님 없다더란다
누굴 예쁘도록 꽃 피고 지니

바람꽃

꽃이다 꽃
밤에만
들꽃
낮도 또한 펴 있지만

밤마다
밤바나
울 엄마 등꽃만 보고
웃는 꽃

뱀이 몰고 오는
초라한 생명력 꽃
별똥별
놀이기구
하늘구름
띡바람

바람꽃 보소서
하얀 바람꽃 스칠 때마다
갈래갈래 찢기어(찢어진)

무릎베개 무릎베개
누나 손등 간지럽게 하고
머릿이로 베개 짜서
그 님에
옥상옥

전등불 다니
뜬구름아 소식 전하오
우리 님의 꽃반지로

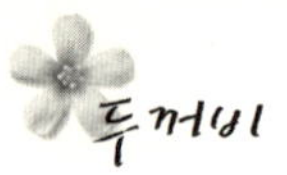

두껍아
두껍아
꽃 두껍아

내 님이 찾는 날
그곳에서 만나요
모래밭 진주 쌓인 곳

방긋방긋 피도록
모래 춤사위
그늘님

젖꼭지 나무

둥근 바우야
하얀 너울 잎 보고는
우리 엄마 젖가슴마다 속내음

꽃덩이로 붉게 붉게
장미꽃 한 송이
묶어(= 엮어두니)

젖꼭지
젖꼭지
냄새 풍겨

꽃송이 꽃소식
무로 무로 띤

송이 나무
젖꼭지 나무

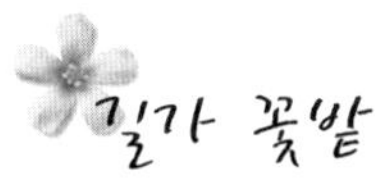

사람아

소망아
소망아

꽃길로 하루
길가에 핀 한 송이

꽃잎은 맑은 열매를
간직한 채로
나를 기다리듯

반듯 반듯 고개 쳐들고
곱게 곱게 버티소

꽃다운 봉오리로
아름답게 흐드러져

길가
꽃밭

사람아
사람아
꽃보다도 귀한 사람아

어찌하다가 무명베로
둘러싸여서
옴짝달싹 못하도만

그 저녁 꽃잎 보고
다시 못 올 그곳 향하여
한 줌 머리 뒤로 대패 밀었나

내 누나 손바닥 전등꽃
무명 손 배 위
보리꽃 무덤녘

소문난 생일

엄마
엄마

내 엄마 손길로
묵은 김치 햇 김치 몽땅몽땅
몽뚱구려 다시 튀기니

염소똥
개님똥
바보온달 평강공주

넘어온다
넘어 와
묵은 김치 햇 김치로

소문난 생일
아침 일찍 일어나
세수하고 손 씻고 밥 먹으니

소문난 식사 당번
열중
쉬어
차려
무궁화 피던

소문난 점심 꾸러미
나의 누이
생년월일 상

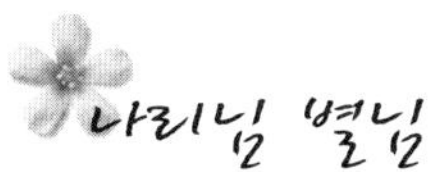

달이 떴다
푸른 동산에
누굴 향한 달님일꼬?

누구나 즐겨 찾는
하얀 목련화 꽃처럼
만백성이 즐길 수 있는
향긋한
나리님 꽃

달님
별님
꽃님
나리님 별님

바퀴 돌리니

뽀송뽀송 물길 마르고
베개 무덤 언덕길

언니하고 나하고
손잡고 노니

머리 안 감는 날
뽀송뽀송 베개 머리

고추잎
팽이 내 언니

감자 꽃 넝울 잎
고추잠자리채 든 사나이들

떡상 바위

바위야
바위야
꽃 바위야

우리나라 곳곳마다
떡 떡 벌어진
떡상 바위는

곳곳에서 펼쳐져
무궁 무궁화 꽃으로 피어나니

남산에
남산에 꽃이요

벗은 몸 되어

산다고 태어난 것만은 아니다
병신도 있고

늙은 애비 무덤 보고
울 엄마 찾는 냥

살았다고
살았냐

죽는다고
죽기보다
더 싱거운 건
인생 글 공부

닫고 열고 닫고 열고

철드는 날(= 꿈들래)

꼭
꼭
닫힌 문 찾으소

언니 꽃 바위로
닫고 열고 닫고 열고

주먹만 한(조막만 한) 꽃송이로
닫고 열고 닫고 열고

풍년초 바위님(꽃)
개미동산 문둥병자

닫고 열고
닫고 열고
보리꽃 동무

언제나 그믐날은 철드는 날

옷고름
옷고름
다시 여미고

새벽녘 갯바위 개구리 만났나?
아침 동녘 바위 틈 사이
졸졸 시냇물 흐를 때

내 누이 장가 못 간 처녀요
세수하소서
시원섭섭
꿈들래

산들매

모래알
꽃 모래알

징근징근 밟고
둥글둥글 펴서

개구리집 지으니
두 마리 세 마리 개구리 알 낳아
온 동네 시끌벅적

남해로
남해로

집 바위 찾아와
알 낳고 서방님 찾아
폴딱 폴딱

솔잎 바람에 무명베 웃고
잔솔나무 배위에는
솔방울(소리개) 소리난다

명산 기슭가 부엉이 소리로
앵무새 잠 깬 듯

누구
누구
별바위

고로 고로 무치소
안개비가 하얗게
덮인 하늘 아래로

솔바람

(1연)

솔바람
솔바람
꿀바람
나의 누이님 손등 너머로
간지럽게 하는 바람

솔바람
솔바람
반찬통 바람
우리나라 꽃 가을날
아름답게 부는 청춘바람
솔바람
단풍바람

(2연)

솔바람
솔바람
누나 손등 간지럽게 하는 바람

솔바람
솔바람
아이 낳고
딸 낳고
가장
예쁜 청춘
맞이 시간표
솔바람 부는 시간

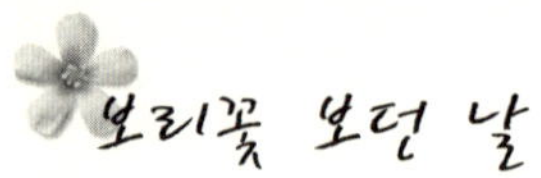

보리꽃 보던 날

개구리 세 마리 홀짝 뛰다가
마을 어귀에서
그님과 만나니

부엉이도 신이 나서
우리 님 엉덩이 살짝쿵 만지니

그림 같은 성냥개비로
불장난
보리꽃 보던 날

선녀님의 소리

방울 방울
숭얼 숭얼
빗방울 온다

하늘에서 선녀님들이
물방울 빗방울(= 물방울)
우리나라 좋은 나라
식물나라로
무럭무럭 키우시네

보리꽃
보리꽃
선녀님의 소리

빗님 빗님
빗방울 소리

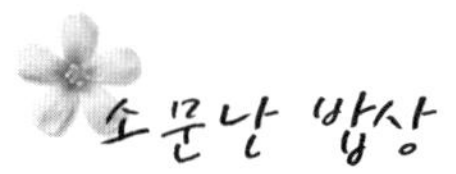

푸른 상추
하얀 상추
젓갈 묻으니
접시꽃보다도 더
깨가 쏟아져

젓갈 몸
접시꽃
나의 누이 반찬님
깻잎 반찬
노란 꽃

안녕이라오

여보
여보
꽃 보따리 보소

안녕이라고 말할 때가
가장 아름답지요
언제나 꽃답도록
새롭게 활짝 웃을 수 있는 시간
갖도록

안녕이(란) 두 글자
가장 예쁘고
아름답다네

무명베로 얽히고 설킨
저 하늘 천사 꽃
안녕이라오

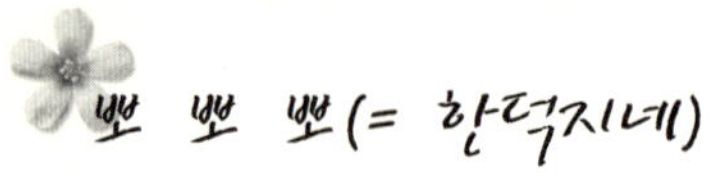

살짝쿵

구름아 꽃 바다를 보소서
한가하게 떠도는 날
뱀 동무 내 생각

그림 같은 집을 짓고서
하늘 아래 별 쬐면서

그님 손바닥
내 등 어깨 위에
보듬으니(없으니)

뽀 뽀 뽀
갈비뼈 뿌러져

살짝쿵
살짝쿵

등 뒤에서 살짝쿵
옆구리 찌르니
아이 낳고 딸 낳고 잘도 살지요

누나
누나

패랭이 꽃송이 맞이
향긋 피던 날

아이 엄마
내 엄마
누나 꽃 바위

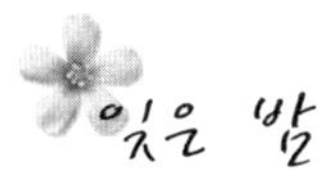

잊은 밤

해가 솟아나 번쩍
담배연기 피던 대로
햇님도 함께 피소서(뜨소서)

가을날 솥단지 끼고
남해로
들로

무궁한 바다로
용왕님전 고기잡아
어절시고 앵헤야 저절씨구

뱃머리도 신이 났소
까만 눈에 새머리
잊은 밤

물 바위

동해야
서해야
나를 나를 베개 삼아서
써밀어려쓰나!

너의 파도소리란
아기 울음소리보다도 더 신기한
태고적 물바위
우리 님 큰 소망

물 바위
배꽃놀이
풍덩풍덩 첨범첨벙
개구리 소리

접시꽃(= 함박 웃음꽃)

접시야
접시야
날개 단 접시야

너의 얼굴 꽃
붉고
태양열 짙게 두르고

나를 향하듯
보기 좋게 피었니!

접시꽃
접시꽃
함박 웃음꽃

개벽

검은 버섯이 흰눈 되기란
그리 쉽지 않죠

병신 바우
늙은 바우

아침 동산녘에
늘
그렇게 웃음 선사

보송보송
금잔화 금잔화

개벽이 온다
처가살이 십팔 년 전

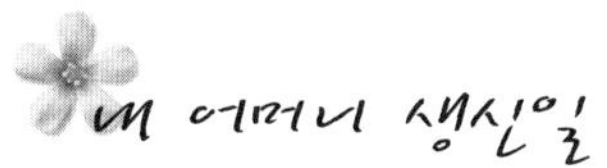

내 어머니 생신일

어머니
어머니
내 어머님

우리가 자랄 때
눈물 많이 흘리시던
내 어머님

자고 나면
바로
세월 뒤바꿔
어찌나 서러웠나(웁나)
슬프다오
내 어머니 생일날

나의 팽이

밤하늘의 별들은 반짝이지만
내 누이님
그님 전
아니
꽃 가마솥

팽이
팽이

펑펑 속치마
나름 나름 팽이 삼아
뱅뱅 돌리니

우리 엄마 젖뚱구리솜
내 뱃속 아기 엄마

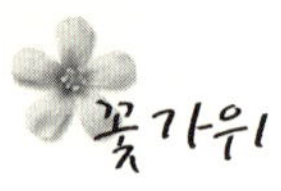

구름아
달이 먼저지!
그럼
달그림자 꽃가위로
우리 님 자르고

나머지 구름바위란?
누나 얼굴 비치도록
그 님 전에다 잘 보관하소서

꽃가위님
꽃가위님
달그림자 꽃가위님

꽃보다 더 예쁘게 자르시는
우리 님의 얼굴 모습

화장기 하나 없는
나의 팽이 무덤

가을 녘
풍선 날리기

노란 꽃

언니
언니
꽃너울
바위 꽃너울

우리가 바라던 잎파랑이 솟은
푸른 초원 갈밭 사이로
푸르게
푸르게 자라서(듯)

반듯 반듯
방긋 방긋
피어나 지면 되지요(겠지요)

나의 꽃상여
꽃잎
뱀이 좋이헤

노란 꽃 봐라
길길마다 뿌려진
노란 꽃

누가 나 꺾을까?
조마조마
바람에 살랑살랑
조심조심
고개 흔들며

다음해로 인생 무덤꽃
나의 노란 꽃

길가에 뿌려진(심기어진)
선녀님의 한숨소리
빗방울 꽃송이

개구리
개구리
합창을 하네
왝 왝 왝 왝 왝

누구를 부르나
님 만날 준비됐으니
나를 나를 재미삼아
찾아오소서
왝 왝 왝 왝 왝

박자춤
박자춤
목소리도 신이 나서
왝 왝 왝 왝 왝

개구리 삼형제
님 만나는 날

등불처럼

꽃이요
꽃
밤의 강산처럼 피어나는 꽃

강남 갔다가 돌아오는 날
꽃 보따리 펴 들고
아니 동네 봉숭아 꽃전등

가고 오는 뱃사공 보니
이 등불 받쳐다오
오호라 통재
불 꽃잎

돌돌 뭉친 들
한가닥 희망
언니 뱃고동

누가 누가
솔잎만 먹고 사니!

등잔 밑에 붉은 똥그라미
나의 누이 등잔화

보리꽃
보리꽃
무명베로 짠
하늘나라 꽃

뱅이굿 밥솥

아침 누룽지
점심 가락국수
저녁 올챙이 너울님 반찬통

우리
우리
우리나라
꽃 바위님 솜씨 자랑

반찬 꽃
나의 누이 솜씨
열무김치 독거노인 밥상

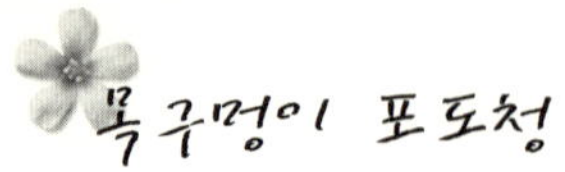

시 쓰는 바위님

언제나 붉도다
소망에 찬 하루가

감자 고추 열매
배추님
배추님

나를 따 드셨서
목구멍이 포도청
아이 꼬습다

무로 무로 설명 듣고
태로
태고적 신비로움

밥 먹는 습관
우리네 인생 중
가장 거룩한 시간(소중한 시간)
목구멍도 포도청

꽃이다오
꽃
바람에 날리는 꽃

향긋하게 피도록
수명에 찬 방긋 꽃

커다란 둥지 틀어
나의 알 놓고

무로
무로
엿들으니

옹혜야 어절시구 옹혜야
시 쓰는 바위님

꽃 서방

소망은
소망은
꽃이요

한 겨레의 무궁한 발전과
희소식보다도 더
기쁨으로 추억하소서

구름다리 베개 삼아서
용왕님과 만나는 날

비 온 뒤 갠 바다너울보다 더
신나는 깨소금 날

밤에 오는 철새
나의 누이 성냥통
담배 물고
꼬꼬댁

꽃 서방 마나님 꽃
밤섬에서 피는 날
꽃가마 들이대고
꼭두각시 대행군

나의 누이 얼레미 밥상
뺀득 뺀득 피소서
휘날레의 꽃봉오리로
밤에 오는 벗

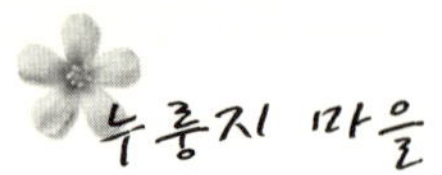

누룽지 마을

누룽지
누룽지
꽃 누룽지야

누런 솥밭에서 한 아름 퍼 드니
솥바람도 시원해

누런 깍두기
너의 고향 까만 바위
솥단지 누룽지 꽃

밤에 피는 꽃너울
누룽지 마을
고향 산천 빛냈소

가을날 고추밭에서

가을날
가을날
낮잠 자고 일어나 보니
잠자리 두 마리
나의 콧등 위에서
간지럽게 하네

누굴 따라서
나의 얼굴에 앉았나?

암놈 수놈 싸우다가
곰방대 몰라
여기에
나의 콧등
곰방대 너울
잠자리채 든 여인

꽃 꽃님이

너울아
너울아
꽃너울아

앉았다 일어났다
누워서만 아니 피는
너의 곱다란 꽃잎

들향국화
바람 따라 흔들리네
나를 기쁘게 하는 꽃잎

들향국화 꽃잎
내 누이(사랑) 꽃너울

꽃님아
꽃님아
꽃 꽃님아

언니 배위에서 놀다보니
아까 본 꽃도
또 보고 싶고

또 다시 찾아오는
새벽 연기 속
안개꽃도 너울져

내 누이 사랑하는 날
기쁨 소망
늙은 바우 영감님

임자 꽃

임자야
임자야
꽃 임자야

임자 꽃
너울 만나서
다음 해로 기다리다 보면

반백 년 내 평생 소원으로
푸른 가을만 남는구나

누런 황소 걸음마
춤추는 태교
임자꽃 너울너울 잎

비 올 때 신는 신발

장화야
장화야
꽃 장화야

날궂이 장마철
너의 얼굴님
반들반들 빛나서
내 발등 붉게 물들게 하네

봉선화 꽃 피는 계절
장마철
신발님(화)
나의 꽃

꽃 장화 얼굴님
내 누이 큰손바위
큰 얼굴 큰 장화
비 올 때 신는 신발

강태공 접시

강태공 아저씨
보기만 하여도 울렁

낚싯대 드리우고
한숨 돌릴 때

여차 하면 뛰어 날아가 버리는
붕어 새끼
두, 네 마리

우리 님 고깃배 님
강태공 접시

미운 떡상

여로

깎고 보니 늙었구나
어찌나 고운 새벽

무릉도원 그날 밤
햇님이 방긋하게 뜨면
푸른 솔가지 밑에
우리 님 떡상

보리 서 말 닷 말
미운 놈 잡는구나
밤에 피는 내 님

밤아
꽃이 더 좋더라
아주 예쁜 새색시 등잔꽃

옷고름 젖히는 그날 밤
젖꼭지 풍년
내 누이 꼭지 꼭지 젖꼭지님

마누라 쪽쪽 빨리면
아야야
뽀뽀 행보

오르가즘 산너울
내 님 꽃사랑

아리 아리 아리랑
스리 스리 스리랑
강바람
강바람
나를 나를 보듬고
어디로 닐으오

간다고
간다고
들썩들썩 바람소리 요란토만
나를 나를 감싼 듯
강바람
너와 함께 가지 많은 나무
잘라 버려

담뱃불 연기

꽂아
산너울에 깊은 저녁 마을
하얀 연기 뿜으며
담뱃불 댕기니
보리꽃도 보고요

산담배
들담배
누런 황소 걸음마로
모두 다들 반기듯
탱이
탱이
탱이

무얼 먹고 자라니
내 누이야

간밤에 잔서리는
까치님
까치가 다 드시고요

남는 것은 빈 항아리뿐
오줌 눕는 소망만 남았다네

소리개꾼
그믐날
까치님 생신날

봄동리 사람들

벗들아
피잖이 지고
지잖이
쓰리고
아니 노잖이
어리광

나의 청산아
우리꽃
베개되어
우리 님 꽃가위 그만하소

에헤라 꽃이여
봄동리 사람

꽃 날갯짓

아 - 아
세월아
너를 너를 사랑하니
우리가 이렇게 아름답구나

그날 밤
그날 밤
낙엽 지던 밤

스산한 발길 돌리니
솔개 바람
풍전마차 등화

선생님
선생님
꽃 선생님

아침나절 꿈자리
어느 날 강산에서 필 적에

누나야 누나야
내 머리맡에 와

어깨덜미 그만 잡고
꽃바위로
깨부스는 하늘

구름바다 네 너울
꽃잎이여라
계절다운 새벽

바람아
바람아
솔 바람아

잔잔하게 불다가
님 떠난 빈자리에서 슬피 울며
다시 부는 잔잔한 솔개바람

우리 바위 꽃 바위
부는 바람 너울잎

꽃 따러 와

꽃 따러 가오
꽃 따러 가
산수나 갑산
너른 곳으로(너울진 곳으로)
꽃 따러 가

누나가 보고 싶을 때
항상 기리는
따오는 꽃
접시꽃 팽이

무명 태초
긴 밤
우리 님 큰 바위
꽃 따러 와

꽃 비

비가 와
새벽에 오는 비처럼
날 반기며
기쁜 날 찾으러 비가 온단다

내 누이 속눈썹님 적시도록
아름답게
살포시
넌지시
포근하게

여름 한나절
수염청정 곱게 빗도록

살포시
넌지시
바람 꽃비

낙엽 비
초하루 날
그믐 상 차리도록

비가 와
꽃비

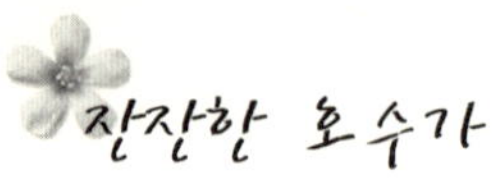

물가에 비친 내 얼굴
님의 바위 너울 잎
잔잔한 호수가
아낙네도 숨소리 죽이네

솔솔 부는 바위로 물너울 치니
꽃 소식 방긋 방긋
님 가락지 꽃 가락지

꽃 피고 새 울 적
내님 얼굴 그립도다
물가에 비친 내 모습처럼

단풍 물든 하룻밤

가을아
가을아
꽃 가을아

코스모스 길목에 서서
그대와 나와
꽃반지 만들어 끼고

푸른 창공 너울님 보고
기뻐하라 외친다오

외로운 각시
코스모스 피는 그날 밤

갯바위

햇님 방긋 하는 날
꽃잎만 보아도 예뻐요
그렇게 예쁠 줄이야

어느 날 강산에 피어날
내 얼굴 그 님처럼

당신 모습 그리면서 만날
한 쌍의 너울 잎
나의 태백 꽃

반듯 반듯 피소서
굴렁쇠 꽃바구니로

갯바위
갯바위
꽃 갯바위

물 건너가 바위 사이 사이
우렁구멍 내놓으니

지렁이도 살 생각으로
꿈틀 꿈틀

태고적 신비
갯바위 물밑 속
누나 언니 소문나무

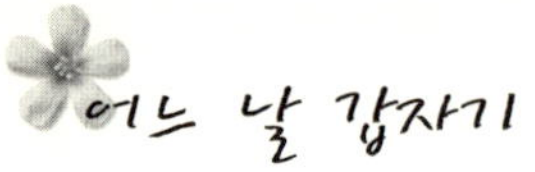

언제나 그날

똑딱 똑딱
걸음마 걸음

언니야 언니야
꽃 언니야

깨로 쓸고 발로 밟아
숨은 고을 내 노을

우리 님 가는 길
누런 황소 패
걸음마 걸음마

죽은 듯이 쥐 잡는 패는
뜨는 패
잡놈 패
때리는 패
앉은뱅이
거울님 패

밤에만 뜨는 해는
그다지 붉지도 밝지도

너른 하늘만
반짝반짝 수 놓다가

캄캄한 들녘
초승달님 눈물만큼
방긋방긋 폈다가

다시 해로 바뀌는
우주의 신비로움
우주 한 바퀴

손 물꽃 들이는 밤

구리구리 밥

너울아
너울아
꽃너울
잎아!

그토록 기쁜 날 맞이하여
꽃 한송이 터트리니

내 누이 님
봉선화꽃 연정
파트너십
손 물꽃 들이는 밤

꽃이요
꽃

밤에 솟는 달아
찰랑찰랑
수건돌리기 식으로
달그림자 옆에
서서
뱅뱅 치마폭을 날리니

구리구리 밥
통통배
날밤 샌 긴 바위
날 더워
날 더워
구리 밥
구리구리 탱

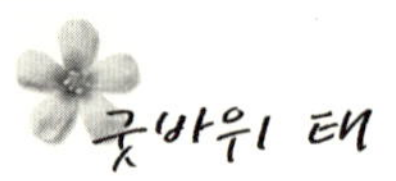

꽃보다도 더 귀한 꽃은
아침 동녘에 환하게 웃는
나의 마누라 입술

내 평생 소원
기도하는 떡보다는
개로 늙고

철들자 배 떨어지는 곳
이승사자 부르는 그곳

탱이 탱이 탱이
굿바위 태

너울 바다

아이야
아이야
꽃 아이야
푸른 바다를 보아라

너를 너를 기다리다가
시퍼렇게 멍들고(물들고)

나를 나를 만난 듯
파도 치며

출렁출렁 합창
노래하네
너울 바다

앵두나무 접시꽃

아 - 아

세월아

유정천리 따르거들랑

꽃바람

꽃바람

이른 아침부터 불어오는 바람

내 누나 집세기 밥 꽃 너울

사랑 바람 꽃

누나 누나 입술에

예쁘게 얹히니

고운 휘바람 소리로

앵두 열매 피어

붉은 접시 위에 얹힌다네

앵두나무 접시꽃

휘바람 열매

꽃세풍

사거리

사거리

봄송이 사거리

꽃빝에 누워

언제나 풀 베개 벗을 삼고

나비랑 나하고 벌 따러 가세(자)

세풍

세풍

꽃세풍

바람 따라서

초라한 회려한 그곳

꽃 피는 비람꽃

우리 님 자랑 꽃너울

치마폭

집 바우

서방님
서방님
꽃 사시오
임자꽃 바위 밑에
예쁜 아이 한 쌍

누나 꽃너울 지어
방긋 방긋 밤하늘에 별들만
반짝이듯이

우리 어머니 속치마 건드네
누런 뱃바위 밑
아지랑이
초랑말
햇님

거울아
거울아
꽃 거울아

남의 말 잘 듣는 꽃 거울아
우리 언니 얼굴 비치니

뱀이 꼬리쳐(= 몰고 와)
뱀 동무 내 언니 꽃바우

바우 바우
냉정한 삶
고래 등만 한
집 바우

보리 꽃 피는 때

꽃아
꽃아
피지도 않는
잊지도 못할
그런 꽃처럼

이제는 수풀 들녘
아름답게 장식하여
들녘마다 호롱불
밤에 오는 손님맞이

내 누나 풍전등화
꽃 내음
피었다
지지도 말어

선생님
선생님
우리 선생님
무엇을 도와 드릴까요?

책걸상 반듯 반듯
학교종이 땡그랑 땡
종이 울리네

볕 들고 새 우니
봄의 문턱
참새소리로 지글짝 보글짝
신입생 문턱

우리 학교 종소리 땡그랑 땡
종이 울렸다
보리 꽃 피는 때

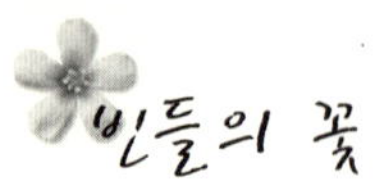

꽃 사람

오호라 통재여
빈들의 꽃은
어찌나 아름답던지(순결하던지)

나의 어깨 춤 절로
덩실덩실 더덩실
궁둥이 날리고

뒤뚱뒤뚱 오리궁둥이로
나의 발자취
옷고름 여미니(젖히니)

시고롭도다
무명아
베야

사람아
사람아
꽃 사람아

이제는 늙은 망령 꽃 되었으니
낮으막히 숨소리로 나를
태로 묶어

그 님 전에서 보리꽃 피어나도록
조용조용 사랑하네(불 지피네)

보리 향님
보리 내음
보리꽃 동녘

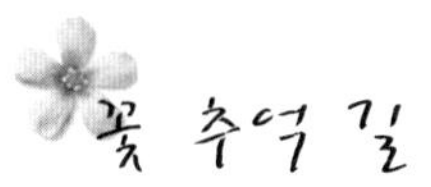

가을아
가을아
꽃 가을아

꽃잎이 오는 날
푸른 등잔 너울 잎

울긋불긋 피어
누나 배위에 수를 놓는다

가을 날
나의 누이 청춘 고백

낙엽 짓는 소리로
울긋불긋 팽이긋

저 하늘가의 태양

할머니
할머니
나의 할머니

우리 님이
참 사랑하는
나의 할머니

소망보다 더 귀한 그 길로서
나를 인도하니

꽃이요 꽃
비린내 나는 꽃보다

아름드리 띠라 담은 꽃바구니 꽃
내 누이 잔솔별

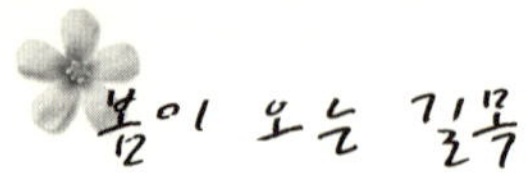

낙엽이 우수수 떨어진다
어느 날 갑자기
무명베로 싼 초라한 그 밤

그 님 전에 촛불향 아니 베개로
너울 너울 호롱불
불 밝히는 날
그 님아 오소

꽃 피는 춘삼월 날
꽃잎 맞이처럼
너를 너를 기쁘게 하네
봄이 오는 길목

우리 님 소식

강 넘어 넘어 넘어 산골마을
우렁이와 참새 한 마리가
입맞춤
뽀 뽀 뽀 즐기다가
낮잠 자는 아낙네에게 들통 나

이랏 킬킬 소 울음소리로
바위 빠진 염소새끼 똥구녁으로
나를 나를 찾도만

긴 자루에 팽이
무명초 뱃바위
우리 님 소식

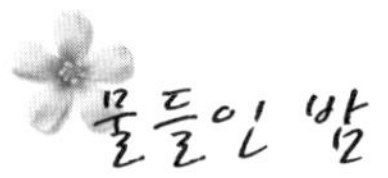

행여나
행여나

노랑 꽃일까?
파랑 꽃일까?

붉은 흑장미로
얼굴 붉게 물들이고서
아침 동녘 푸른 들밭 넘어로
우리 님 찾아서 나서니

그 님이 우리 엄마 닮소
무명베로 짠 내 너울
꽃 바지
꽃 바지

보름달

꽃아
밤에만 오너라

언제나 늙은 밍경꽃
밤 너울 꽃처럼

반짝반짝 달, 별이 되어서
어디에서나 어울리도록
달, 달, 보름달
천둥 같은 보름달

소망의 구름 바위
꽃 바위 내 너울

보름달 그믐날
내 청춘 고백

앵헤야

아까 보고 또 본 영감아
니 늙은 여우는
잠만 쿨쿨 자는구나

영감아
영감아
꽃바위 영감아

늙은 망령 철없이
스리
꽃다운 아가씨 품에 안고서

꼴 좋다
늙은 애비 홀린 처녀님
꽃바위 첩년

앵헤야 어절시구
보리고개요

옛날에
옛날에
아주 옛날에
시어머니 손끝으로 내 누이
잡지 잡던 날

소양강아 물 건너 간 갯바위처럼
생전 처음 생긴 일

시어머님 뱃고동소리
문 닫고 열리는 새벽녘

노란 접시꽃도
하늘 나라 님의 전당 문턱에서
나의 누이 찾이
꽃보다도 귀한 어린 마음

늘 바람

나비 나비 나비
너울너울 춤을 춘다오

그 님 전 보리뱅이 꽃처럼
인적 끊긴 그곳에서

나비야 나비야
오너라
너와 나와 손잡고
함께
가자꾸나

벌, 나비 떼 몰고 오는
그 밤(바람)
꽃너울 바람꽃
나비 너울잎

바람아
바람아
늘 바람아

우리 님 치마폭 훨훨 날리니
늘 푸르게 함께 걷는다오

길 건너 꽃씨
무명 태초 물망초(긴 바위)

우리 님 걸음마
개로
개로
패

아롱 아롱 아롱아
아롱답게 아롱거리며
아롱대롱 우리 마을촌

촌장님 밥그릇
아롱반찬 그릇

아롱대소사 엮은
할머니 무덤가
아롱아롱
아롱사탕
아롱이 소스백

오솔길

오솔길
오솔길
나의 오솔길

님의 전당 오솔길
숲 속 사이로
나의 둘
발길 돌리니

내 님의 꽃 댕기 꽃
나비 꽃 되어

둥근 바위 누런 잎
꽃너울 반찬통

매미 울고 새 우니
꽃 바위 오솔길

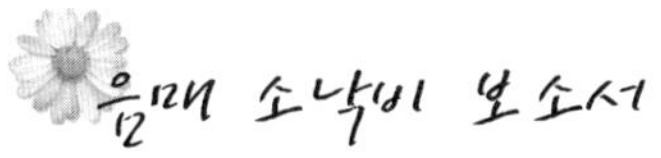

걷는다
걷는다

꽃으로
날 버린 남자
날 잊지 못해 우는 여사

그 남자
그 여자
그 그림자

들매골
잠자던 개구리
음매 소낙비 보소서

눌 엄마 남은 태풍명월
소스라진 꽃 바위
음매 너울 잎

늘~ 봄나무

성난 송아지 엉덩이에 뿔
가지 가지 가지
꽃가지
바우 바우 바우 늘 바우

가느다란 실바람 타고
언니 너울 보듯이
날 보듬어(반기니)
어디로 날으오

길가 바위 옆
골목대장
늘 봄나무

차포 뗀 가을

바람이 서늘하게 부는 날
아!
가을이 왔구나!
실감나지요(고요)

무얼 생각하고서 왔나?
가을아
낙엽 바짝 마르도록
햇볕은 검붉다(고)

지나가는 행인 발걸음
빨라
행여나 농부님
익은 곡식 잃을라
추수 바쁜 철

가을 날
선선 시원 쓸쓸
슬픔 아닌 꽃

꽃 가을 날
곧 오리라
가을 날
가을녘

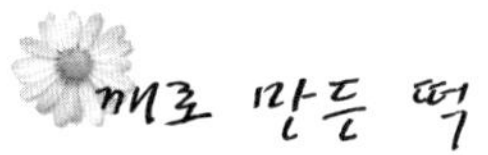

태는 하루요
밤은 열두 해

낮은 그음

창녀는 열흠
날밤 새는 그닐

공자님도 놀러와
그믐날

저녁노을 빛에
그 양반
그
솜씨 자랑

아침 들녘 꽃태

봉선화
봉선화
봉선화 꽃 연정아

예쁜 꽃 다 모아도(봤던들)
너만 한 꽃 색깔님 없다더란다
누굴 예쁘도록 꽃피고 지니

손가락
나무랄 데 없는 그 꽃

봉선화
봉선화
나의 누이 손톱 밑에
물들이는 꽃

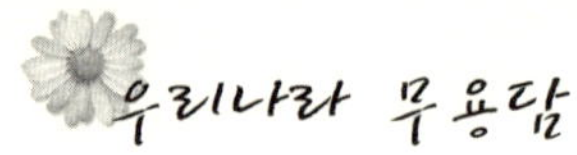

세상에 이러한 일들이 있었소?
개도 안 먹은 밥

이빨 서 말 통이
늙다 만 꼬리
날 귀신 턱

밥벌레 누룽지
아까 본 탱이요
무당벌레 꼬끼오

세상에 이러한 일들도 있었소!
턱 깎고 무덤 파는 턱
꾀병 부린 나무

세상에 이러한 일들이
있을꼬 있었소
마귀할멈 송이요
우리나라 무용담 너울잎

가을잎
가을바람
스산한 저녁노을

소, 태

깊고도 험한 날 　　　　　뻑
무얼 바라오 　　　　　　뻑
　　　　　　　　　　　　뻑
희망 섞인 어조로 　　　　뻑
기쁨 주소서

기도하는 쾌랭이 열매
보기 드문
소로만

무로 태
맑은 태
옆구리 태

갈비뼈 뿌러지도록
기쁜 열매

바구니

꽃바구니
꽃바구니
아침 동녘 바구니

내 누이가 그리워하던
바구니

그 바구니
누나 누나 긴 바구니

꽃바구니 낀 채
언제나 붉은 동산에(푸른 동산에)
날래 날래 펴든 꽃잎

나의 누이 꽃바구니
앞치마 자락
나비꽃 너울잎

한잔의 추억

소문난 찻집에 앉아
차 한잔에 목 축이며

남루한 옷차림새로
옛 추억을 되새기며

그
옛날
꽃반지
꽃반지

우리 님
꽃반지
시계추

사월에 맺힌 한은(= 아침 꽃 피더니)

사월의 오솔길
유월의 향연

7, 8월의 고목다운 인내와
그 다음 9월 10월은

나들 나들 어깨로
보듬어서

나비님
나비님
꽃 따라와
무명 태초 긴긴 여름날

가을날 선선
곧마로
와

백로야(= 백갈매기)

백로야
우지를 마라

니가 울면
나도 따라
울기 마련

어찌나 고운 천사의 빛깔로
너의 옷자락 날갯짓

백로야
백로야
우지 마

우리 님이
오실 때까지만이라도
우지 마라
백로야

장수 할미꽃

장수야
장수야
꽃장수야

장수 할미꽃
꼬부랑 할미꽃

들녘마다
내 사랑 그리다가
심던
그곳에서

할미꽃
할매꽃
나의 꽃전등

총총 걸음마

나비야
나비야
꽃소녀 나비야

노랑 나비
하얀 나비
너울바람 타고서

이 꽃
저 꽃
앉아서

뽀
뽀
뽀
행보

기나긴 세월 속에서
꽃술에 앉아
꽃바다 너울
씨앗 바구니 찾는다오

나비꽃
버들 총 잎
총총 걸음마

허망한 국냄비

청아한 목소리로 짹짹
어디서 들리는 소리
새소리
들새소리

밤이면
밤마다
짝짝쿵 하자고
부르는 소리

새 둥지 트는 곳
우리나라
철새 도래지
내 나라 들판

들 고갯길
우리 님 찾는 그곳

냉이 꽃
냉이 꽃
봄에 피는 꽃

한겨울에 밀짚모자처럼
허망하게 자라서

허망하도록 국 한그릇 만드니
그게
냉이 맛이로다

허망하게 국 냄비
냉이 밥상
보리고개

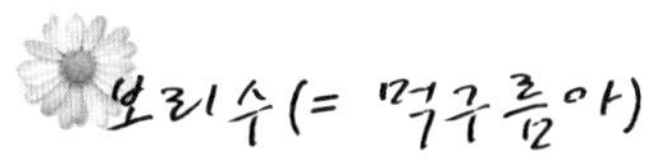

먹구름아
먹구름아
너의 얼굴 빛

노랗다
붉다
시뻘겋다

아니면 붉다 만 청색 옷을
그냥 그렇게 입고서
나를 겨냥한 듯

성난 얼굴로
먹구름화 되어서
언니 꽃베개 타니

우리 강산 좋을시고
에헤로디

보리수

달랑 방울

달랑 달랑 방울아
달랑 달랑 열려서

달랑달랑
이름도 달려

달랑달랑 너울
달랑이
소복이

달랑 너울
달랑 방울 잎

달랑
달랑
달랑

너울 너울 너울 바다 위에
한 너울 핀다

누굴 닮아 예쁜 꽃으로
너울지나

너울 너울 너울 꽃
너울 바다로
나를 안고서

한겨레의 꿈처럼
그대로 여민
그 꽃너울

우리나라(마을)
너울 잎
꽃 너울

동동 걸음

바람아
바람아

너의 화난 모습일랑
나의 여정을 묶고

너의 화난
성난 모습 보노라면
옷깃이 저절로 여며지니

너의 화풀일랑
가지마다
잎새마다

동동걸음
바람꽃

할매
할매
나의 할매여!

너의 고목님
늙으나 고우나
주름살 늘어 걱정

이젠 고운 색깔모로
얼굴 다듬고

다시 사는 멋으로
화장품 바르고

몸치장 입을 것 치장
치장하다 보면

새로운 인생
무덤지기로 나노나

물들이기 꽃

나의 봉선화
봉선화
봉선화
푸른 농산 물들이며

봉선화 꽃 연정
너의 손톱 밑에 붉은 색깔
나의 아가씨 님
꽃전화

봄에 피는 환한 미소보다
더욱 더
숙연스러운
봉선화 꽃

아가씨들 손톱
물들이기 꽃

사랑하는 사람아

너울
너울
유채꽃

숭얼숭얼
반딧꽃

그대의(누나의)
꽃너울 밭
우리나라 꽃밭

국화밭
국화 꽃밭

너울님 밭
내 찬양송

꽃밭에 누워
그리운 님 찾아볼까?

꽃을 보라
그 님이 날리던 꽃

분홍 신발 신고
너울너울 춤추는 날

노란 접시꽃도
하늘나라 님의 전당 문턱에서

나의 누이 찾아
꽃보다도 귀한 어린 마음

세상 민심

엄마 울음소리
애걔걔

아빠
개 소 울음소리
삐아삐악

눈물마다 달라지는
세상 민심들

그 건너
너와
나와
손잡고

춤을 춥시나
어화라 둥둥지기
세상이여
안녕

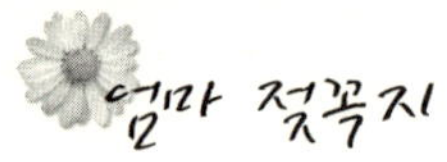

꽃망울
꽃망울

우리 님이 자랑하는
꽃망울
언제나 푸르구나

꽃망울
꽃망울
내 인생 꽃망울

밤에만 열리는 꽃망울 꽃
뱀이 물고 와

언제나 같은 꼴로
뱀이 몰고 와

엄마
젖꼭지
젖꼭지

내 누이 꽃마을

사노라니
갑자요

을축은
진밤

괭이로 뜯고
발로 문질러

보리꽃(수)
보리꽃(수)

만백성들아
들으라

천하통일 내 인생
누구나
고살보다

무극산천 등나무
우리 님 저울 등

꽃마을 꽃마을
내 누이 꽃마을

나비꽃 청춘

햇님이 방긋 웃는다
비 온 뒤 갠 하늘답도록

누구나 기다리듯
너와 나와 손잡고

나비꽃 펴드니
나비야
나비야

훨훨 날아서
그 님
옷자락에 붙어라

노랑
하얀
나비야

너의 꽃치마
우리 님 옷자락
옷자락
꽃잎

봉선화 울 밑에 선 봉선화

봉선화
봉선화
꽃 너울
우리 언니 꽃처럼
그 님 따라 나섰네

봉선화
봉선화
울엄마 꽃잎

언제나 처랑하게
울 밑에서만
자라나는 나의 색동옷처럼
그렇게 피고 지는

샛별꽃
봉선화
봉선화
봉선화 꽃

손톱 밑에
울밑에 꽃

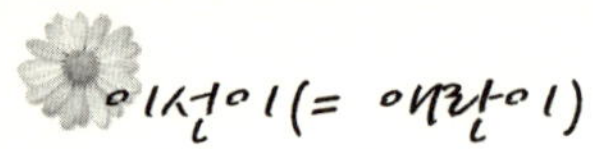

깎다 보면 버리고
읽다 보면 슬퍼서
그대 얼굴 보기 힘들어

글공부
내 사랑

글이란?
글
동

서란?
양

음이란?
패

동그랑땡 밤너울
임금님 임금님

나의 첫사랑
부모님 대신 사세요

여왕 폐비 윤씨 집안
게으른 세 처녀
임금님 첩년

내 유리알

유리알
유리알
내 유리알

가지마다 잎새마다
흐르는 돌처럼
뱅그르르 굴러서

돌고 도는 잎새 위에 유리알
너의 아침나절
싱그럽게 걸치고

낮이면
밤이면
빛나도록

동글동글
동글동글
동그랗게 띠도는

햇님 별님 달님 유리알

우리나라
꽃전등
비 오는 날
유리꽃 꽃병

짝궁 턴 사람들

사랑한다
말하리요
미워한다
말하리요

들리는 소문마다
사랑한다
사랑한다

누구의 벽화
흰 눈 사이로
검은 베레모

안녕 간다오
뱀이 솔밭 사이로

미워
미워

미워
짝궁 턴 사람들

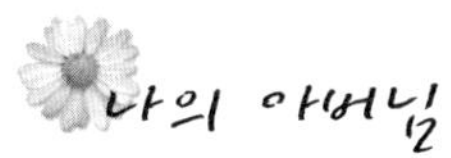

나의 아버님

아버님
아버님
나의 아버님

그대 떠난 빈자리
내가 지켜서

우리나라 금수나 강산
철천지 왠수 갚고요

금년 한해 곡식
풍년

우리 아버님의 금빛 왕관 쓴
그 모습처럼

나의 아버님
나의 아버님

젊어서 일만 하시던
우리 아버님

늙으나 고우나 마음 상하면
화부터 내시던 우리 아버님
안녕히 계세요

만수무강 태풍명월
먼 하늘나라 잘 지키소서

감사
무덤
뱅이로 열던 그 밤

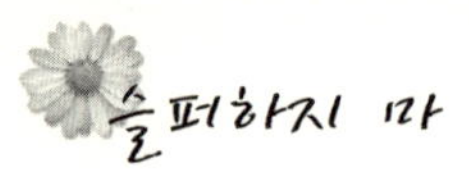

엄마 슬퍼하지 마
누나가 그리워서 더욱더 슬펐소

아니면 내 누이가
가진 것 없던 맘
보고 잡아
그리워서 슬펐소
언제나 그렇게 슬펐소

아니면
보고 잡아
보고 잡아

아빠 그늘
보고 잡아
슬펐소

내 누이 별동산

노란 단풍

노란 잎이 수북하구나
길가에 나뒹구는 은행나무 잎

오가는 행인
발목에 밟혀
아야야

이따금씩
누런
노란 꽃

단풍 단풍
단풍잎

우리 님 걸레 잡이
꽃너울

별, 별들(가지가지 별들)

빛이여
빛이여
나의 빛이여
우리 님이 보고 잡아 비치는 빛

가을 별
봄 별
여름 별
들 별
패랭이 별

내가 그리다가
다시
지우는 별

땡별
하늘 별
봄별에 그을린
송이 별

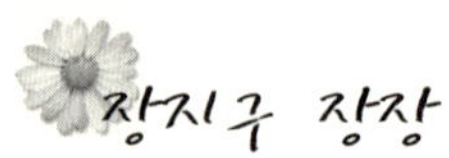

장지구 장장

천둥번개 오던 밤
내 누이가 즐겨 부르던
법성가 소리

누나야
누나야
입맞춤할 때
이렇게 해요

누나의 콧잔등 하나로 엮고
그대로 쪽쪽 빨면
이빨
허연 이빨 부스러져

눈물 닦지만
그대로 누워서 쪽쪽 빨면
누나의 윗니 그대로 남는다네

쪽쪽쪽쪽
쪽쪽 빠는
나의 누이 입술님

내 입술
장지구 장장

땡별

땡볕
봄의 볕

여름날 모래알 달구며
달맞이 때
뱅뱅뱅

모래 언덕 넘어로
우리 님 손등 달구네

모래알
모래알
두꺼비집 짓고

강물 넘어 송사리 떼
보아 놓으니

강 구들장
벌겋게 달아올라
땡볕

님 오는 그날

성불님
성불님
나의 성불님

아빠 보고 절하니
엄마 꽃전등

아까 보니 예쁘고만
기도하는 소원으로

성불
성불
성불
부처님께 성불

하느님께 감사와 예배
우리의 고깔모
부처님 오신 날

손 손 손
발 발 발
가락 가락 가락

한 움큼 쥔 손가락
임금님의 첫사랑 꽃

기나긴 세월 속에서
우리 님이
만나 보고 싶어 하는 꽃

임금님의 첫사랑 꽃

앞집 감나무

고은 홍시 떨어지고
다시 새싹 나

누런 잎파리는
오고 간 데 없고

새잎 돋아
봄을 엮그는구나

나의 앞집
감나무 그늘 밑

개구리 한 마리
그대 입술 되니

여러 모로 꽃 피도록
아름답구나

꽃이여
감나무꽃

다리
다리
다리
두 다시 세 다리 네 다리

다리 길이는
누님 꽃
아빠 꽃
엄마 꽃

하나 둘 서이 너희 모두 꽃 피면
다리 꽃 되소서

징검다리
수박다리
엄마 잃은 다리

나의 누이님 꽃
챙이 꽃

참이슬 꽃잎

꽃봉오리
꽃
줄줄이 세어 보니

한 송이 꽃
남는 꽃받침
예비 꽃받침

내 님이 부를 때 찾아와
살며시 입맞춤 마치고

떠나는 그대 입술처럼
아름답게 꽃잎 되어라

꽃의 세상아
너만 한 꽃잎 없도다
참이슬 꽃잎

구억 마을

가시나이야
가시나이야

나의 꽃
가시나이야

내 님이 보고 싶어 부를 때
깔끔하게 차려 입고

연지
곤지
찍어라

부는
태평 소원
가시나이 엽서

나의 고깔모
내 고향
구억마을

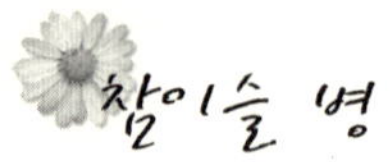

참이슬 병

첨 술잔이로다
술이야
술

술맛 끝났냐?
괜찮은 술맛

맛깔스럽게 피어
나누는 술맛 타령

개고기 돼지 족발
한 접시 가득
이대로가 좋사와

술맛
그 맛
참이슬맛

소주값 내게도 있소
한 병만 더 먹을까?
술맛 좋다

술병이요
푸른 술
참이슬 병

봉선화 눈물 꽃

송이야
송이야
꽃송이야

예로부터 긴 꽃은
아침에 늙고
점심에 반듯

저녁 하늘
별자리 보다 보면(= 만들다 보면)

바늘구멍 실타래
엉킨 듯

예쁜 예쁜 예쁜 날
찌살스럽게 곱도다
봉선화 눈물 꽃

가시 돋친 장미

사랑하는 자들아
꽃을 보고라면
예쁘다고만 전하오

왜냐고 되묻기보다
가시 돋친 장미로
하루해가 걷다 한들
파랑새만도 못하고

나의 누이 생일 날
장미 같은 날
가시 돋친 장미

수정과

방울방울 맺힌 듯 수정과
숭얼숭얼 딸린 듯 수정과
마음껏 웃으소
수정과 수정과

달콤
새콤
시콤
한밤에 새참밥

수정과 수정과
나의 간식거리로 재격

우리 조상님의 얼과 솜씨로
수정과 한 접시
당신께 드리니(= 올리니)

방이 무덤가
새롭도다

꽃가게(= 우리 가게)

꽃가게
꽃가게
우리 님이 가장 많이
들르는 곳

누나 꽃바위
우리 가게 꽃

가위
바위
보

가위질
가위질

예쁜 꽃
상처 꽃
모두 자르니

가장 예쁜 꽃
청순
가련
핀 꽃들

감나무집 들보

감나무야
감나무야

홍시
연시
달고 붉도만

이제는 푸르게 푸르게
열리는 여름 날
너를 쳐다보는 집 주인 마음

하늘 청
푸를 청
맑을 청

푸르게 푸르게
감나무 잎처럼

향긋
발랄
묵직

나의 누이
감나무집 들보

날 잊지 마오 마당쇠(= 꼭 꼭)

사랑하는 자야
꼭꼭 껴안고
꼭꼭 이토록
꼭꼭 미워하소서

미운 마음 고운 털
꼭꼭 박힌 들
꼭꼭 매만지며
꼭꼭 간지럽다오
꼭꼭 가스나이(야)
꼭꼭 잊으라오

잊는다
잊는다
꼭꼭 보리뱅이
보리뱅이
꼭꼭

밤에 피는 너울

긴긴 날을 홀로 지내다
그 님이 올까봐
문 열어 보니

아니 보여요
어디서 오나

소녀야
소녀야

그대 님
너울로
구름 기둥 밤 버들로 오지요

아가씨 아가씨
소녀님

그대 꽃
밤꽃 펴
밤에 피는 너울

서로가 미워할 수 없지요

사랑하는 자는
슬퍼도 좋고
미워하는 자는
참는 맘

누구나 절규 정도
인내 바위로
무섭게 세월 보냈소

그믐날 그날 밤
그 고개 넘어서
넘어오는 시골 풍경

우리 고을 꽃마음
내 누이님 잔치꽃
피는 동네

소나무야 소나무야
깊은 들녘에서
내 누이가 참 그리워
했던 나무야

그 밤
그 밤
그 밤
꽃다워라
품은 뜻 깊고요

잊지 못해 푸르름 자랑
소나무 꽃너울
우리 나무 소나무

호박꽃

호박꽃 호박꽃
깊은 너울 잎

밤에만 둥근 달을
보면은

가을날 짙은 안개비로
덩그렇게 뜬다오

호박죽 먹는 날
나의 건강 삼매경
호박 잎 태우고

꽃잎에 물드는 밤
님이 온다고
손짓하네

밤하늘에 별들
반싹이더니(밤)

창문 밖의 소나무 잎
나를 찾으며

님 오는 그곳으로
안내를 한다

아랑 아랑 아랑 바우야
아랑 아랑 태로

아랑 아랑 넘기다가
아랑 아랑 님 아랑곳 보면

아랑 태
물결로

아랑바우 꽃
아랑 아랑이 전
알독달독 붏드네

아침 소녀등
무로무로 열리는 날
아랑 아랑 아랑 바우야

점등문 소식

바람아 바람아
꽃바람아

가을날 나의 치마깃 폭
날릴 때

너의 포근한 감정
내 젖가슴 울려
남정네 졸바람 났네

고목에 피는 가을바람
남성녘 팽이 열매

남정녘 고목
가을바람
가을 냄새

염소는 음매
산 자는 죽은 자를 향하여
말이 없도다

어쩌다가 마주친다 한들
그 모습 그대로
입술 붉히고

노란 고깔모로
점등꽃 피도록 기도 드리소

꽃가을 꽃가을 들녁
보리꽃보다
더 예쁜 소식
점등문(소식)

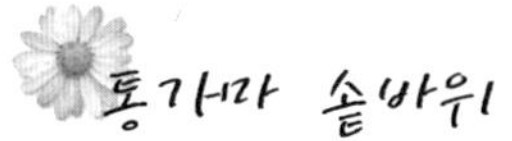

바람아 바람아
꽃바람아

어찌나 고운 상처를
꿰매듯이
씻은 듯이 날고 와

나의 가지마다
뒤흔드네

가지 많은 나무
바람 잘 날 없다더니

가슴마다 움푹
가을이 왔소

나의 누이 소금통
통가마 솥바위

나비님

나비야 나비야
꽃나비야

세월 따라 흐르는
강물처럼

꽃바구니 꽃바구니
꽃나무 따라서

앉는 곳곳마다
너의 품사위
나비 꽃바구니

정답던 시절
정겨웠던 하루

님 만나 꽃봉오리 만지니
내 님이 그리워할 때

함께 하던 곳
그곳 길가 무덤

옛 님이 시뻘건
봉숭아로 손톱 밑에
물들여 주던 님

내 님 그 님 우리 님
접시꽃 너울님
나의 누이 꽃

봉선화 봉선화
봉선화 연정
꽃님 꽃잎

바람 풍

10월아
님의 꽃 따 펴든 채
훈풍바람 불고(불어와)

이쁜 낙엽들
고스란히 떨어져
가을의 정서
알리는구나

그대 풍
바람 풍
훈풍 낙엽 풍
길길마다 채워져

봄, 여름, 가을, 겨울
사계절 너울
바람 바람 바람꽃

지지배배 청청

밤에 우는 새소리
적막을 깬다

청아하기란 극치
님이 볼세라
조용히 부르오

둥지 튼 강아지 새끼들처럼
청아한 그 소리로

님 만난 물고기들처럼
지지배배 청청

풀 속의 매미 소리
새 소리
들새 소리
참새 언니 울음소리

청아한 목청
내 나라 소리새
울음소리

달 밝은 밤 너울

깨꽃 봐라
깨꽃 봐
병이 들었소

누런 잎도
푸른 잎도 시들시들

나뭇가지에 얽킨 채
숨을 못 쉬어

우물주물 쭈글쭈글
얼굴 잎사귀

노란 잎 푸른 잎도
자랑 못하오

깨꽃잎 너울잎
고향 산천

그 영감님 꽃
달 밝은 밤 너울

님 오는 그날

엄마야 누나야
강변에서 살짜쿵

님 오는 그날
님 마중 나오너라
꽃구경처럼

님 꽃 따
베개 삼고

님 오는 그곳
님 부르는 날

붉은 청춘도
나를 나를 꽃베개로
묻겠네

그 님전
님 마중 길목

꽃가마 타고 오소서
내 님 얼굴 꽃

바우
바우
바우

챙이 챙이 너울

솔방울 솔방울
언니 솔방울

나비 나비 나비 꽃 따라
언니 머리맡에
앉으니

우리 님이 서글퍼 울어
옹헤 옹헤 소금장수
따님처럼

우리 님 너울너울너울
솔방울 너울
꼬끼오 새벽송

너울너울
바람꽃
솔방울 탱이

챙이 챙이 챙이
올챙이

그믐날 달그림자
그리다가
하교 길에서 만난 여인

챙이 챙이 챙이
올챙이

기쁜 소식 듣고 왔소!
들고 왔소!
들으러 왔냐?

보리야
보리수 까만 눈에
챙이 챙이 올챙이

낙엽 떨어지는 그 목소리로

바람아
추풍 하늘에 너를 껴안고
어느 날 강산에서
불어오더라

깊은 밤 그곳
문지방 넘는 바람
훈풍 바람
꽃풍의 열매

가을 단풍 꽃
깊은 가을 날
꽃 피고 새질녘 무렵
훈풍 꽃풍 바람

낙엽 지는 소리음
바림
바싹 바싹

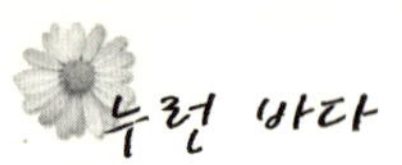

누런 잎 누런 잎(노란 잎)
삼천리 반도 강산에

누런 잎 누런 잎(노란 잎)
천지

가을이 빨랑 빨랑
왔구나

누런 잎 노란 잎
불그레 족족 낙엽

떨어지는 소리
한 겨레의 울음

누런 잎 노란 잎
가을 잎 청춘
가을 잎 누런 잎

그대 꽃 슬픈 날

벚꽃이 석양을 가를 때
울긋불긋 접복숭아 꽃은

아버지 품에서
울먹울먹

아이고 내 배퉁 터진 꽃
복사꽃 눈물 먹은 꽃

아지랑이 꽃너울
우리 님 꽃잎 베개

울먹울먹 너울
복사꽃 복사꽃
가냘픈 청춘 꽃

풀잎에

이슬 이슬
물방울

풀잎 사이 사이에
맺힌 열매
물방울

비 오는 날
그대 송이

아롱다롱(대롱대롱)
너울져

반짝반짝 흰 방울로
지나는 행인 유혹하네

이슬 이슬 물방울
풀잎
사이 사이
맺힌

동그란 너울
물방울 꽃

달캉 달캉 들캉
들락쿵 동자승

찬장 밑에 여우
누룽지 누룽지
동자승의 몫

예쁘다 꽃너울아
동자승 예쁜 꽃

달캉 달캉 들라쿵
찬장 밑에 여우님
동자승 너울

누룽지 바우
우리 꽃 겨레의 마을

들라쿵 달라쿵 달캉 달캉
동자승 바우님
동자승 턱 괸 바우

이름 모를 꽃 너울

앙아 앙아 앙아야
꽃은 피지만

앙아로 묶는 열매 청춘은
이른 봄 그 꽃보다도
그 청춘의 살매기 꽃

앙아 앙아 앙아
보기보다 예쁜 너울아

앙아 잎 앙아 님
너의 숨은 장성 너울

앙아송꽃
임금님 나라 꽃

앙아 송이 꽃
붉은 접시 꽃
앙아 너울

꽃보다도 예쁜 날
이름 모를 꽃 한송이가 왔네
누구 걸까?

그대 송이로
이름 모를 꽃 한 송이
그 님전 꽃베개로

이름 모를 꽃
그대 송이
아름 아름 펴든 채

아름드리 열매 꽃
그대 송이
이름 모를 꽃
그대

나리 나리 나리
개나리
나리야
나리야

꽃베개 끼고
엄마 따라 쫑쫑쫑

햇병아리 찾으니
우리 님 꽃 펴든
개나리꽃 발자취

그 님 꽃바구니
엄마 따라 입에 문 꽃
개나리
개나리

노란 여왕벌 꽃잎
통 꽃잎

나비 나비 날아와
우중충 변했네

나리 나리 나리
나비 나비 나비

님

반짝 반짝 작은 별아
꽃 피고 새 울 적에

너와 나와 마주 보고
이렇게 웃는나

코주부 코주부 영감아
바로 보면 오른 팔

왼눈 짝눈
이내 슬픈 둥이

반짝 반짝 작은 별
아름답게 꽃 피소서

갯버들
둥청마루에 작은 별
한 쌍

사랑하는 자야
팔베개로
이름을 석 자 부르오

뭐라고!
님 님 님 님
님이 오는 소리로

푸른 새싹 돋고
다시 뜨는 그 햇병아리(햇님이)
새날을 기억나게 하리라

님 님 님 님
임금님 너울

단풍이 오색 너울로 물든 밤(= 오색 송이)

단풍잎 오색 송이 송이
그대 입술 뽀 뽀 뽀

입맞춤에 오색 송이
날리니
아! 가을이구나

여름날 시뻘겋게
달궈진
하늘 날

그대 입술 입맞춤으로
달아 달아 붉은 송이
오색 송이

우리 님 너울
오색 송이 꽃
단풍잎 단풍잎

시가 있는 이야기 · 3

그럼 나는 민들레
맨드라미 홀씨 되어서
그대로 깜부기 적 시절 지나
다시 싹으로 되리다

설악 들녘 바위

흰 눈이 와
하얗게 온 산 온 천지
눈 덮고 또 덮으니

설악의 깊은 너울 산
개날 개날 개날너울

우리 님 펴든
장미화처럼

화려하게(환하게)
그대 송이로
이쁘도다

설악 설악 설악의
단풍 꽃

흰 눈이 와
열매 따 입에 문

철새의 둥지 녘
설악 둥녘 바위

아침 너울

아니 벌써
베갯잇을 갈아 끼웠소

그 님아
너울너울 산천초목은

아직도 아직은
겨울이것만

그대 송이
입술 퉁퉁 부은 대로

그대 송이로
베갯잇만
벌러덩

우리 님 꽃베개

먼 산에 태양이 뜬다면
난 이대로 서 있겠노라

누구의 별빛만
바라보노라면
그대 입술 뽀뽀뽀

먼 산에 태양이 뜨는 날
난 이대로가 좋아라

그대 님 빈들에 푸른 숲
가고파라
아침 너울

해야

아빠는 아빠는
오리 궁둥이
엄마 엄마는 씨암탉

머슴 아이
누나는 누나는
시집가는 새색시처럼

그림 같은 꽃너울로
아리랑 고개
넘는다네(오)

우리 동네 새색시
우리 엄마 궁둥이
씨암탉 너울루

꽃베개 잔치 벌였네
발버둥 치는 새벽송

달이 밝다 해야
아침 날 꽃

해야 해야 너울아
너의 소망은

밝은 날 그 꽃으로
이름을 지어서 날리고

그대로 묵은 해
새해를 다시 맞는구나

날이 밝다 해야
너울 너울

꽃 핀 듯 그대로 묵고
흰 너울 고추잠자리로

강이 먼저 산이 나중

강이 먼저요
산이 먼저요

어느 날 강 건너 산수네
임금님처럼
기쁘게 받아주니
산이 먼저

강이 들턱 져
그대로 묶기니
웅덩이 파
개울물 만든 덕
그대 송이로

강, 강, 강, 강, 강
강, 강, 강, 강, 강이
먼저죠

우리 님 여생 일편단심
여생 일생
강이 먼저
산이 나중

개나리 통꽃

들녘에 피는 꽃은
하얗타

개구리 개구리
시험 삼아 웃는구나

봄 들녘
개구리 꽃

맨드라미
홀씨 되어서
울 엄마 젖가슴 만지니

그대 홀씨 몸 조심꽃
기을 날 갯비들

나리야
나리야
나리꽃 봐

님 님 님 님이 찾아오는 날
나리 나리 뽕뽕뽕

나리 꽃
개나리 너울 잎
꽃 핀들 예쁘고만

그대 송이 꽃가루로
우리 님 개나리 꽃비위

그대 너울
나리 나리 나리 꽃

잉크 방울 꽃

(1연)

방울아 방울아
꽃 너울에 방울아
입에 따 물고서
아름드리 꽃 펴든 채
찬 이슬 부얼부얼(부설부설)
그대 얼굴
비친 채로
그대 님 얼굴 찬서리
맞는구나

(2연)

방울아 방울아
수양님의 버들방울아
얼굴 모습 둥글둥글
보름 달
그대로의 모습처럼
잉크 잉크 잉크
꼬부랑 연필로
쓴 날
그대 송이
잉크 잉크 잉크
바위 솜 너울
잉크 방울 꽃

방귀 꽃

낙엽이 나뒹굴 때
나는 나는 울었다

그대가 보고 싶어서
아니 그대 입술이
그리워서라기보다

그대 입자락으로(옷자락으로)
나를 감싸듯 입술로 입술로
나를 덮으니

그대 꽃
내 너울 잎
그대 송이요

아침 장미 너울 잎
꽃 방귀 꽃 방귀
방귀 꽃

*참고 : 방귀가 잦으면 똥 싸기가 쉽다. 무슨 일이든지 소문이 잦으면 실현되기 쉽다는 말.

아리 아리 너울

가랑 가랑 가랑잎에
물든 밤

아이 솜 너울
그 님이 볼세나
조용하게 피어

날 밝은 날
다시 오소서
간절히 고백하는 나무여

그 님 꽃
그대 송이 송이
축하송
아리 아리 아리랑 고개

예쁜 꽃

강산에 넘실넘실
춤출 때

우리 님 우리 님
그 동무여!

아리 아리 스리 스리
아리랑 고개 마루

언덕 길가
코스모스 길 임자

임자꽃
임자 만난 듯

그대로 술 취한 듯
아라리 아라리
아라리요

방긋방긋 웃는 개나리
너울보다도 더욱 더 향긋

향내 나는 꽃잎이란?
예쁜 꽃
코스모스 깨꽃

깜부기 손수건

세상은 넓다
고양이 발자국처럼

그대로 그대로
진저리 꽃처럼
세상은 밝고 넓다

우리 겨레의 한이
꽃이요

그럼 나는 민들레
맨드라미 홀씨 되어서

그대로 깜부기 적 시절 지나
다시 싹으로 피리다

깜부기 깜부기
누런(노란) 깜부기

임금님 너울
깜부기 꽃
그대 송이(요)

우리 꽃
장미 너울
꽃님이
꽃님이 와

까치야 까치야
너울 바다의 까치야

너의 꾀꼬리 소리는
잔 등선 넘어로 울리는구나

바다 건너 고깃배
통통배

너의 입술로
이렇게 외쳐

까치 까치 까치님 설날은
내일이지만(이고요)

우리 우리 생신날은
고구마 감자 너울 먹고

맴맴
맴돌던 날

그대 잎
까치 까치 너울

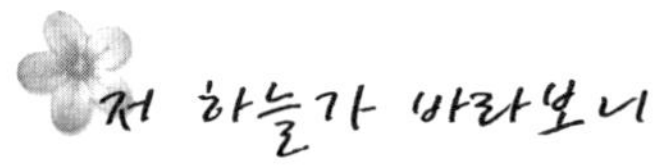

달그림자 달그림자
뽀얀 달그림자
하늘에서 내려 본 천사

그대 얼굴빛
나는 뽀솜이

백색 공주
백설 공주님

아이나 아이나
아이솜 아이솜 너울로

이쁜 공주녈
백설공주

백색 너울
달그림자 꽃

푸른잎 채소전등

잔디 밟는 여인아
잔디의 순결함이란?

이 세상 미지막끼지(하직)
그대로 잎새로 잎새로

푸르게만 푸르게만
간직토록 남는다오

그대 뿌리과 채소님
잔디 잔디 열매로

푸른 초원 들밭가
나의 누이의 전능열매로

전등 전등 전등
푸른잎 채소전등

감자 고구마 젓가락 냄비 숟가락

감자야
감자야
꽃너울에 감자님

아침에 뜬 별은
감자밭에 모이처럼
청렴

긴 패로 묶어 그대로
엷은 천
감자밭의 모이 쫓듣기

새벽녘 이슬만 먹고
크는 감자잎

새로운 세상
감자 열매 꽃처럼

뿌리 없는 나무 없다듯이
그대로 주렁주렁 열렸네

감자잎
감자잎
뿌리과 채소잎

아니 아니 아니다 보니

아니 아니 아니요
아니요 너울

아니 꽃 펴든 아니 너울아
아니 자랑타

아니 아니 아니로 시작
아니 아니 아니가

아니네
아니로 열매는

우야꼬 우야꼬
긴 패 돌린 채

그대로 낙은해 새해
아니 아니 아니요

아닌 놈의 자슥
아닌 놈의 사람

아닌 놈의
아이나 아이나

백설공주님
천사처럼

빛난 그날
아이나 아이나
아닌 놈 새끼

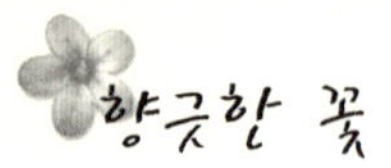

향긋한 꽃

꽃송이 꽃송이
너울 꽃송이

아침마다 방긋방긋
무엇을 담나?

예쁜 향
그윽히 모아두었다가

그대가 입맞춤 할 때
흠뻑 코로 주입

내 누이님 접시꽃
쟁반접시 쟁반

접시 너울로
콧내음 이쁜 너울

향긋한 꽃
향내 나는 너울잎
쟁반 접시 너울

가랑잎
꽃잎

나의 태양빛

태양은 넓다
둥글게 둥글게
하얀 마후라 긴 패 두른 채

태양은 넓다
온 세상 온 세계를
파랗다 하얗다
붉게 물들이고요

여러 가지 총천연색으로
빛을 발하니
태양은 곱다

그러나 빛이 없이
붉은 날은 뜬구름 뜬구름만
나들 나의 어깨 스치니

비온 뒤 샌(날) 등불처럼
맑게 푸르게 흰 붉게
그렇게 빛나리라

붉은 저 태양가
우리 님 큰 손님
나의 태양빛

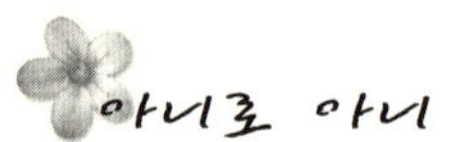

아니로 아니

나무야 나무야
꽃 펴든 나무야

긴 패로 묶어
임금님 나오는 날

아니요 아니요
아니아니 아니패

아니패
아니 너울아

아니요 아니요
내 누이가 아니요

아니네 아니네
아니요 아니요

아니너울 아니니
아니꽃 아니꽃

노랑노랑 너랑나랑 아니요
아니네 아니네

아니로 마중 나와서
아니로 끝난 겨울밤

아니로
우야꼬
아야꼬

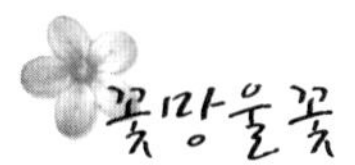

개울아 개울아
꽃너울의 개울아

이 다음에 필 때는
방긋방긋 만지듯
기쁘도록 예쁘게

꽃망울만 꽃망울만
터지듯 그렇게 피어서

동그랗게 뜬 눈으로
밤 지새우는
달님 보고잡아

꽃망울만 꽃망울로만
피소서

동그란 얼굴님
꽃망울꽃

금화야 너울

세월이 유수청정 하늘이구나
어느 날(여봄날), 임금님 만나니
안녕하세요 금화야

금붕어도 꽃 피고 울 적마다
새롭게 펴든 꽃

아리랑 꽃 삼너울
금화야 너울

둥그렇게 핀 꽃
금화야 꽃

이쁜둥이 내 너울
금화야 꽃심 바위

길로 길로 바다로 바다로

길로 길로 길로
바다로 바다로 바다로

하늘로 하늘로
바로 바로 바로

길로나 바로나 바다로나
모두다 한길이요

길로 길로 길로
누런 길로(노란)
우리 님 그님 밭길로
논길로

내 누이님 손금반지
아니네

길로 길로
밭으로 밭으로

누나님 이쁜 날
깨꽃 받아 먹는 날

깨꽃 봐라 깨꽃
깨꽃잎 너울

우리 님 꽃베개
길로 길로 바다로 바다로

푸른 솔 그 가지들

가지야 가지야
꽃은 피지만

임금님 나오너라
무궁화로

가지와 열매 꽃
그대 송이

우리 님 갯버들
너와 나와 무궁화
얼마나 사무쳤나

무궁화 무궁화 꽃들
님 마중 너울

아침에 떴다
저녁에 지지 말고

그대로 묵은 대로
갈밭에 누워서

이렇게 이대로 세어 보소
하나 둘 서이
너희 다섯 여섯이

나눌셈 뺄셈
덧셈

꽃이다 꽃
빈들에 넓은 들

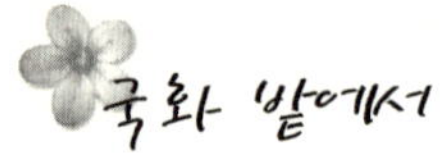

국화 밭에서

국화꽃 한송이 꽃
옆에다 묶고

필마로 돌아서니
아가씨 아가씨 여보소

여기는 한국화
임금님 나라요

그대로 서소
아니 아니 못 사니

노란 국화만
덩그러니
남게 생겼네

국화야 국화야
노란 국화

하얀 열매 꽃으로
이쁘게 어여쁘구나

이름 난 송이
기쁜 열매
국화 국화 국화 밭에서

역삼각형 전법

땅이 있으면 길이 있는 법
아니 아니 아니다

아니로 새벽 공기 마시는
아니 아니 아니야

아니로 끝맺음
땅이 있으면 길도 보여
있는 법

아니 아니 아니요
아니 꽃 펴든 개구리

아니 아니 송이로
임금님 천년 꽃송이

아니 아니유
아니야 아니야

아니다요
역삼각형 전법

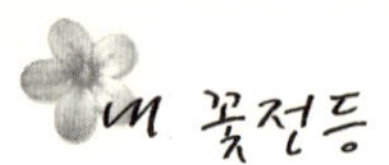

내 꽃전등

벚꽃 봐라 벚꽃 봐
휘황찬란 내 꽃전등

그 님이 볼까봐
조용하게 살포시

눈물만 감추고서
이쁘게 나풀나풀 피었네

나의 꽃전등
님 나와라 님
님의 꽃전등

벚꽃
벚꽃 봐라

벚꽃님
내 누이꽃

흰 눈 쌓인 곳

흰 눈이 쌓인다
하얗게 그대 입술로

잔서리 뿌리득기
흰 눈이 쌓일 때

눈사람 눈사람
크고 작게 만들어서

하나는 엄마 것
하나는 누나 것 하나는 내 것

콧수염 붙이고 놀자
흰 눈 흰 눈 흰 눈으로

길길마다 뿌려진 꽃씨 꽃씨

길길마다 뿌려진 꽃씨야
꽃씨야

아낙이 보면 이쁘다고
꺾는다오 그대로

길길마다 뿌려진
꽃씨야 꽃씨야

아낙이 오거들랑
없다고 없다고 해 그대로

님바우란? 원래 그래요
길길마다 뿌려진
꽃씨야 꽃씨야

아낙님의 너울 입은 친사린
그대로 이쁘게 열매꽃

천둥이 번개가 와도
길길마다 뿌려진
꽃씨야 꽃씨야

언제나 그대로
그 잎새로 푸르스름
불그레 족족

길길마다 뿌려진
꽃씨 꽃씨

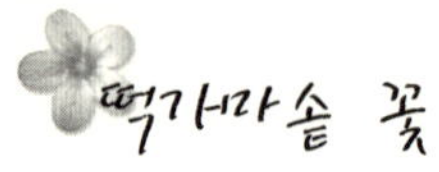

떡가마솥 꽃

바다 건너 누런 잔디밭
누굴 누굴 무엇 때문에 있나
심기나!

그대님
얼굴 모습 보고서
그린 떡가마솥 꽃

행여나 그 님이 볼까봐
꽃밭에 누워 이름 모르도록
쉼 없이 사랑 사랑

꽃가마솥 꽃
꽃밭에 누워
한 잎 두 잎 꽃 피웠소
이름 모를 떡가마솥

호야산

산등성에 올라가서
호야 호야 호야

우리 임금님 나오너라
호야 호야 호야

너와 나와 마주 앉아
호야 호야 호야

임금님 오너라
호야 호야 호야

그대 님 입술 반지 너울로
호야 호야 호야

우리 꽃 펴든 꽃
호야 호야 호야

호야님 꽃너울
기쁜 꽃
호야산

아리랑 꽃잎

잔디 잔디 금잔디
백금잔디

물방앗간 처녀가
가장 사랑하던
금잔디화 금잔디 꽃

이쁘게 신발 신고
걷던 그 곳

아리 아리 아리랑
스리 스리 스리랑
고개 넘어서

님 오나 님 오나
기다리던 그 곳
행여나 꽃

잔디 잔디 금잔디 녘
백금잔디 꽃
아리랑 꽃잎 너울

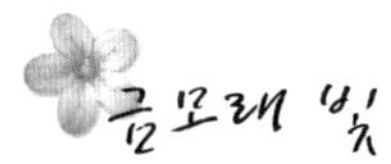

금모래 빛

너울아
너울아

바다를 향하여
한 움큼 쥐어낸

모래알 모래알
금모래 빛

그대 얼굴 보슬 보슬
반짝 반짝

누굴 위해서
하루 빛도 변하지 않고

그대도 너울져
우리를 반기나

너울 너울
너울 강아지 꽃

반디 반딧불 꽃
금모래 빛

그 바람

잔득 잔득 채워서
한 아름 따온 꽃

이쁘게 끼어
언덕 위에 오르니

산바람이 날 반기네
꽃너울 꽃바람(님)

한 가닥 희망 꽃
잘한다 꽃

꽃바람 너울
꽃너울로 피어

잔디 잔디 푸른 초원
아름답게 꽃 놓으니

이대로
산 너울

그 바람
꽃바람
꽃바람

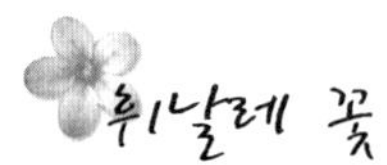

휘날레 꽃

국화야 국화야
송이 송이 국화야

국화 밭 국화꽃
그대 향처럼

온 세상 적실 때
눈물나도록
님 꽃

임금님 오네
하늘의 천사 너울

국화밭 국화 송이로
송이로

임금님 만나 본듯
내 누나 꽃전등

휘날레 꽃
국화 송이로

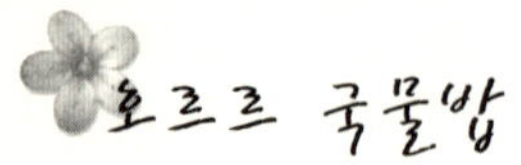

손님이 왔다
기쁜 날 우리가 반기니

라면 장사
라면 장사

호르르 국물밥
누가 누가 잘 먹나요

배고파 배고파서
아니 굶주린 소녀처럼
소년처럼

이쁘게 호르르 국물밥
개도 술술 넘긴다오

호르르 국물 여우빛
쪼르륵 물결
호르르 국물

빈 의자

빈 의자 빈 의자
덩그러니 빈 채로
주인을 기다린다
찾는다오

누구
누가 앉을까?
고민 고민하다가
스치는 바람만
왔다 갔다네

빈 의자 청춘 꽃
앉으나 마나 꽃
빈 의자로다

빈 의자 빈 의자
우리 꽃 빈 의자

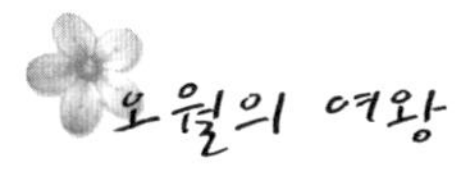

오월의 여왕

장미 장미 장미야
장미님 장미님
장미야 장미야
장미로다

아씨 아씨 아씨 마나님처럼
장미 장미꽃 한 송일랑
펴주기 싫어하는 꽃
장미 장미 장미 넝쿨잎

자기네 꽃
자랑타 너울
자랑스러운 너울

우리 님 깨너울보다
이쁜 꽃 장미 장미
장미 송이

빈 자리

빈 의자 빈 의자
빈 자리 빈 자리
누구? 누가? 주인일까요?

앉으나 서나
앉는다 앉는다
걷는다 걷는다
서 있는 자의
빈 자리 주인이지요

에써라 내 빈 의자 꽃너울
빈 자리 빈 의자
빈 곳

빈 곳보다 더 예쁜
내 빈 자리
엄마 품 아빠 품
그대 옆 품

내 누이 꽃전등화
빈 자리 꽃잎

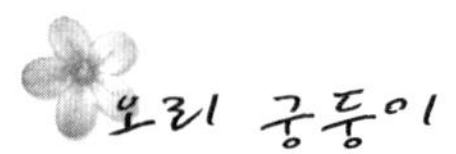

오리 궁둥이

청둥 청둥 청둥이 오리
이른 아침에 햇빛도
아니 받고서

이른 새벽녘 길가
물가 위에서 졸음을
쫓는다오

청둥 청둥 청둥오리님
이때쯤 겨울
날밤 새는 오리 궁둥이

청둥 청둥 청둥
오리 떼
엄마 품 아빠 품

청둥 청둥 청둥님
청둥 오리떼

쟁이 글

쟁이 쟁이 눈물아
아침쟁이 엄마쟁이
글쟁이 누나님 글쟁이

우리 아빠 코스모스로
님의 전당꽃

꽃님이 꽃님이 너울
쟁이 쟁이 꽃

꽃쟁이
글쟁이
누나쟁이
연필쟁이
그대 님쟁이

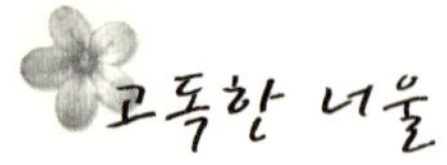

고독한 너울

채송화 채송화
채송화 님이여

이른 날 아침에
땅거미처럼 깊고도

험하게 짚시랑 물만
받아서 먹고 크는 채송화

채송화님
우리 님 너울 잎

꽃밭에서 꽃밭에서
울 밑에서 울 밑에서

울 엄마 치맛자락으로
자란 몸들 아프다

고독한 너울
채송화 너울

수정화 개나리꽃

개나리 개나리
개나리야
개나리 입에 따 물고 와서
엄마 따 주둥이에
붙이니
아빠는 뻥뻥뻥

그대가 입에
따온 꽃
개나리 개나리
노란 노란
수정화
개나리꽃

아침 해

아침 해가 떴다
동그랗게도

새벽부터 부는 바람 따라서
문 열어 놨더니

해가 동해 번쩍 서해 번쩍
번쩍 번쩍

천둥 번개 안은 채
길고도 험한 너울

아침 해
아침 해
아침해로다

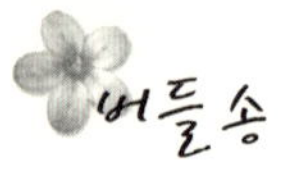

버들아 버들아
누런 노란 버들아

임금님 필릴릴리
피리 소리에 버들잎도
함께 춤춘다네

그대 버들송
버들 버들 버들잎

휘영청 가지 많은 나무처럼
버들 버들 버들잎

버들송
송
송
송

네미나이 꽃

길가에 앉아서
우리 님을 그리다가
꽃그림 장사를 만났나?

아이 참 여보소
그 꽃 좀 사시오

내 누이가 참 그립다 한들
아이 삼자락으로만은
아니 되오니

꽃그림 한 장 얼마?
왓 유어 네임(What your name?)

꽃 사시오 꽃 사
네미나이 꽃

단잠 깬 소양강 호수

참새야 참새야
꽃잎만 보지 말고
너울도 함께 따 와
우리 님 보기보다 예쁘다오

참새야
새 한 마리 둥지 트는 날
그날이 오면
임금님 너울도 함께 와

님의 너울 꽃 너울
우리 꽃
베개머리 언덕 위
꽃너울 치맛자락

뭉실뭉실
꽃너울 치마

소녀야 소녀야
소녀답지 않게 이렇게
조아리면

아리 아리 스리 스리 스리랑
고개 아니 못 넘고
간다오

그대가 스리쿵 살짝쿵
밟고 지나던 그 길가
우리 엄마 손등 반지요

그대 님 입술 마주칠 때(님아)
아리아리 스리스리
단잔 깬 소양강 호(수)

기쁜 꽃

어느 날 강산에 꽃은 온다오
한겨레의 꽃처럼

그대로
그대로

잊게
잊게
잊게 사노라니

후렴
버들아
버들아

옷 벗던 시절
생각나게
해

겨울바람 시원하게 불어 와
너의 가지마다 푸른 숲
그대로 벗기니

그대 이파리(= 파랑이로)
내년 여름
숲지게
해

다시 오는
새 봄

이름 모를 너울로
기쁜 꽃

버들 잎
버들 잎

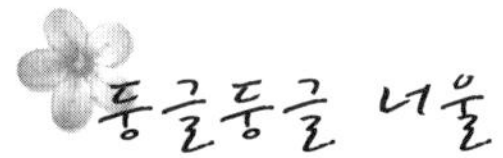

눈사람
눈사람

하얀
뽀얀 눈사람

얼굴만 동그랗냐?
마음

몸뚱아리도 둥글둥글 눈사람
우리네 민심이요

이것도 꽃
밤이면
밤마다 피는 너울
눈사람 너울

우리내 민심살이
둥글둥글 너울

고향아

고향아
고향아

잊어도 고향
절규해도 고향

누나도 깊고
나불나불이도 깊고

넓고도 험한 계곡도 깊게깊게
넓게
깊게
소곤소곤 소곤하게

고향아
고향아 들녘 바위 밑

개구쟁이 개구리

개구리
개구리
꼬마야
꼬마야

개구리(가) 지나가거들랑
엄마하고 불러나 보려므나!
(뭐꼬?!)
뭐라고나 대답할꼬!

꿈에서(나) 본 듯 잊으리요
아씨
아씨
아씨님이였구나 라고
대답하오리만은

미운 털
긴 털
뿌럼이로
그대로 덮고 간다오

개구리
개구리

노란
붉은 초원 넘치는 꽃

나의 꿈자리

꿈자리
노란
누런(붉은) 꿈자리

하나가 열리면
두 가닥 희망이나 실는 곳
꿈자리
꿈자리
나의 꿈자리

우리 님 그리다가
다시 만나는
그 곳

꿈자리
꿈자리
우리님 꿈자리

천당과 지옥
아이삼자락 너울

눈사람 치우는 사람

한겨울에 밀짚모자
꼬마 눈사람
눈 치우는 사람

어제는 그 저녁에
못다 핀(치운) 꽃처럼
이제야 둥그레 다당실 치우소서

눈사람
눈사람

하얀
포얀 눈사람

눈사람 치우는 사람
깨꽃 바람너울

봄
봄

봄
봄
봄이다
봄이야

무명초 그믐날

뱀돌다
몸돌다
무로 패돌아

돌아라
돌아라
팽이꽃 무덤처럼

패로 그물 넣고
우황불에 씻으니

저로
저로
배려 부렸소

그믐날
그믐날
새색시 젖퉁

태극

시계는
시계는
바뀌요

늘다가
늘다가
돌다가
돌다가

12시에 만나요 부라보 콘
다시 뜨는 햇병아리 시계추처럼

열한시 덩덩길은
매미채 들고 오라는 시간이고요

12시?
밤에 만나 술타령 시간

아이고나 예뻐
멋쪄 뿌렸소

밤손님 태극
술집 큰애기

애걔걔 삼만리
술집 소식통

찬바람이 불 때
난 울었네

우리(울) 엄마 손끝으로
난 울었네

그님이 올까봐
난 울었네

긴 잠 깬 그 겨울녘
밤이슬 맞고서
난 울었네

그대가 옷자락 스치니
난 울었네
울었네

울엄마 손끝으로
긴 잠 깬
그 겨울 밤
기쁨에 찬 눈물(이요)

징검다리(= 촐랑촐랑 걷던 다리)

징검다리
징검다리
소녀답게 걷는 다리
징검다리

누구다리
누구다리
징검다리
징검다리

검붉도다
징검다리

촐랑촐랑 걷던 다리
징검다리
징검다리
우리 님 꽃다리

다리
다리
건너서
다시 걷던 곳(= 만나는 곳)
징검다리

개울 녘
꽃 다리(그늘녘)

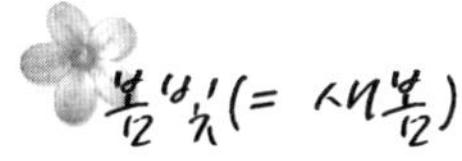

봄빛(= 새봄)

봄이 왔어!
왔어요

하얗던 눈사람 사이로
봄이 왔어요

누군가가 밟던 그 길로
봄이 왔어요

푸릇푸릇 잔디꽃처럼
봄이 왔어요

길다랗게 너울진
그 고을 빛으로

봄 봄 봄
봄이 왔어요

푸릇 푸릇
봄 봄 봄
봄이다

wedding

wedding
웨딩
wedding
웨딩아
wedding이 무얼일가?

인생유정
깊고도 험한 심심산천 계곡에서
그대가 꽃 피듣기
나름나름 나타나는 웨딩이란?

아지랭이 꽃너울처럼
깊고도 험한 심심계곡 너울로

이름난 너울잎
가슴팍 꽃

웨딩
웨딩
wedding march꽃
꼼당실래 너울(우리 님 깨너울)

봄을 싣고서

봄 봄 봄 봄이 왔어요
푸른초원 들밭에도
강가의 강태공들도 활개치도록
봄
봄
봄이 왔어요

우물가의 매미구더기는
우물물 아니 드시고
실바람 타고 새롭게 변신한
군더더기들(굼벵이)처럼
봄
봄
봄을 맞는다

봄
봄이 왔어요

우물가의 순이가
빨래터 매미가
앉은 대로
앉는 데로

봄
봄
봄이 왔어요

앵두나무 열두 베폭처럼
길게
길다랗게
넓게
울긋불긋 산천초목가
긴 밤 샌 그곳

우물가 군더더기 꿈
꿈깨(= 잠깨)

봄이야
야호

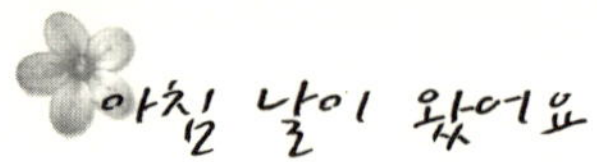

저 구름 산자락 사이로
아침 날이 왔어요

시끄럽게도
참새도 짹짹 울며
밤도 길도록

그렇게
그렇게 왔어요

어느 날
누굴 따라서 왔니!

그대 님 옷자락에 붙은 채로
바람 불까
조용
조용

조용하게 왔어요
우리 임금님 소녀등처럼

기쁜 그 너울 잎

아침 해가 떴소
긴긴 밤을 기다리다가
그 저녁노을 빛은
온데간데 없고요

새로운 새빛(= 빛깔로)
이렇게 깊고도 험한
너울 잎처럼
깊게
넓게
곱게
싱그럽게
환하도록
널직한 방석집처럼

깊게
곱게
크게
아름답게
빛보다도 더욱더
예쁘장하게
키다리 너울

울밑에서 봉선화 연정님 꽃
아침 날
해바라기 꽃

키컹정 꽃

저기 저 건너편에 누가 있길래
해도 설푸시 뜨고
달도 지그시 앉는다네

누가누가 있길래
누가누가 살길래
누가누가 임자냐?

그대님 얼굴 빛
키다리
키다리
키다리 컹정꽃

그대님 꽃
아침의 너울

키다리 컹정
해바라기 해바라기

노란
누런 빛깔

꽃송이 꽃송이
그대님 촘촘히 너울
키다리 너울

이른 아침 해송이
키컹정 꽃
키다리 너울

해꽃
해바라기 너울꽃

안개비

국화야
국화야
너울너울 국화야

휘날레 꽃처럼
아프게 만나서
아프게 이별곡처럼

그대는 항상
함박웃음꽃
함박웃음꽃

나의 서러움도
깨끗하게 씻어내는
함박웃음꽃
함박웃음꽃

그대님(꽃) 휘날레
함박웃음꽃

안개비가 하얗타
소녀처럼

길가
강가
누런 송아지 등 언덕길에도

안개비가 하얗타
내 언니 옷고름 제기듯

그대로의 모습처럼
안개비가 하얗타
눈 온 뒤 골목

굴뚝 집

커피야
커피야
노란
누런 커피야

커피님 한잔에
잠을 쫓는다

이쁘게 호호호 불어서
잠을 쫓는다

내 누나
이쁜 꽃
커피 한잔 시켜 놓고서
잠을 쫓는다네

잠 쫓는 약
커피 커피 커피

날파리 굴뚝집(잡이)
커피 집

마지막 겨울녘

발자국 발자국
내 발자국

엄마가 남기고 간 발자국
누나님 얼굴처럼 곱기도 하지!

그 길 따라서
머나 먼 갈길

먼 산 보니
아지랭이가 넘실넘실
새봄이 오나! (새봄을 맞이)

이대로 늙는 한해 꽃
발자국 발자국

길길마다 뿌려진 꽃씨
발자국 소리
뽀드득 뽀드득

마지막 겨울 녘
봄이 오는 소리
뽀드득 뽀드득

홀짝홀짝꽃(= 꽃잎이)

꽃님이 꽃님이
꽃잎이 꽃잎이
하루해를 점친다

아침에는 활짝
낮에는 보글보글 복슬복슬
시원스럽게

밤에는 홀짝홀짝
눈물꽃으로
그 하루해를

꽃님이 꽃님이
꽃잎이 꽃잎이 점친다네
시계추처럼

낮이나 밤이나
천둥번개 없도록

꽃님이 꽃님이
햇님이 햇님이

한바가지 술

밤술
꽃술
햇술

아니 아니 아니
여보소

밤술은
밤낮에나 그대로 여울져
긴밤을 즐기지만

낮술은
한가하게 노는 놈들의
행위(행위예술)

긴밤
꽃술
꽃잔치로
방석집 큰언니님
아까 본 여장부보다는
지금 오신 손님이 낫디야

꽃방석 꽃술
낮술
천둥번개 술

아내의 고함소리 술
천둥번개 술

왕방울 꽃

송이야
송이야
눈꽃송이야

니만 만나면
하얀 눈꽃송이로 와

흰 눈 오는 그날 밤
임자꽃 너울
송이
송이
눈꽃송이

눈방울만 한 그 꽃송이
왕방울 눈

깨벽쟁이 너울
가지 꽃
님 얼굴모습 닮도다

송이야
송이야
깨벽쟁이 나무
가지 꽃

흰 눈 오는 그날
왕방울 꽃

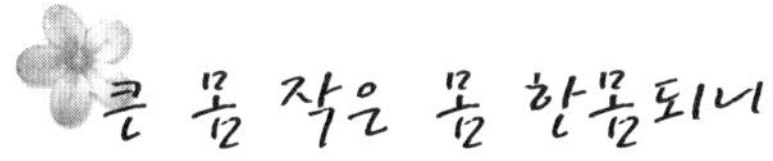

미로의 갈매기

건너 마을 밭 갈고
누런 황소바람 콧김 쐬면
천년의 한스러움 달래리

덧신 신고 발 벗고
까치울음 우렁차
올 한해 큰손님 오겠네

까치님 지난밤 꿈은?
세상이 시벌겋게 불타
당신의 젖가슴 울려

나르는 참새 떼 눈물 흘리며
구멍 난 둥지 속 날 속였소!
비 온 뒤 갠 날
나무가지 사이로

서러워 우나 기뻐서도 울지요
울엄마 X 잠지 보고

보고픈 하늘이라
눈 뜨면 보지만

님 떠난 그 자리엔
메울 소야곡 없고

어찌 풍상이 절통할꼬!
비는 소원 밤버들 되면

검은 눈동자 소복 입고
달나라로

그대님 꽃 오솔길 오솔길

저산 넘어 + 능선 넘어

오솔길 오솔길 따라 걷는다
우리 님 발자국 소리 들으니

기쁘게 꽃핀 들잔 술 한잔에
오솔길 옆 꼬부랑 길목이
어지럽게 흩어지니

내 누이님 들국화 향(내)
이러타네

들잔 술잔 비워서
빈 그릇 잔 만드니

예쁜 꽃
산새소리 절로 나온다

들잔(술)의 열매(열정)
우리 님

저 능선 넘어에
누가 있길래?
구름아
구름아
산자락을 감추니!

아침 날 깨꽃보다
능선 아래서
살포시 뜨는
그 햇살
너의
이름 모를 꽃

능선의 아름다움이란
오두막집
새집 건너 골목대장 꽃
길다란 너울

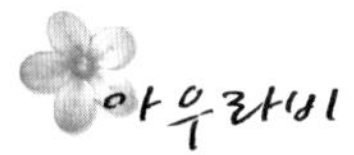

아우라비

개울아 개울아
꽃너울의 개울아

우리가 마주 앉아서
우야꼬 우야꼬 할 때면

기쁜 날
그대 송이로 와

송이송이 눈꽃송이
하얀 송이로

기다렸다는 듯
기쁜 꽃
아우라비 그대님

꽃망울 꽃망울
톡톡톡 터친

그곳
아우라비 아우라비

그 님이 볼까봐
눈 감고 폈소

그대 님
꽃 나래

아름아름 펴든 나무야!
임금님 너울로
우리 겨울맞이
해맞이
꽃 전화등

꽃님이
꽃님이 와
내 꽃송이로

꽃밭

개바우 영감님
아침날이 왔소

여느 때와 마찬가지로
이름난 개너울처럼

초가삼간 집을 지어
앞마당에 씨 뿌리니

봉선화
봉선화 연정

그곳이 바로
나의 누이 손톱 밑에 물들인 밭

밭고랑 너울님
제비허리 물장구 꽃밭

청산의 너울

태양은 넓다
공교롭게도

아내의 슬픈 잔보다는
태양은 넓고 슬프지 안 해

우리 님 개골개골
개골이 엄마처럼(그렇게 말이에요)

태양은 넓고 붉다
싱그럽지 않토록
개골개골
개골이 엄마녀석들

태양은 넓다
동그랗도록
그대 송이로

둥글넓적
님 따라 오는 날

오색송이(= 단풍이 오색으로 물든 밤)

단풍잎
오색 송이송이

단풍잎
단풍잎

그대 입술 뽀 뽀 뽀 입맞춤에
오색송이 날리니
아!
가을이구나

여름 날
시뻘겋게 달궈진 하늘날
그대 입술 입맞춤으로

달아 달아 붉은송이
오색송이

우리 님 너울
오색송이 꽃

시가 있는 이야기 · 4

기쁘게 꽃 핀 들잔 술 한잔에
오솔길 옆 꼬부랑 길목이
어지럽게 흩어지니
내 누이님 늘국화 향

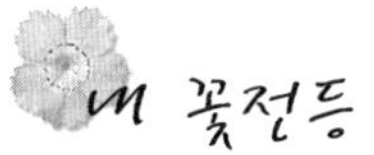

내 꽃전등

봄을 기다리며

벚꽃 봐라
벚꽃 봐
휘향찬란 내 꽃전등

그 님이 볼까봐
조용하게
살포시
눈물만 감추고서
이쁘게
나풀나풀 피었네

나의 꽃전등
님 나와라 님
님의 꽃전등
벚꽃

벚꽃 봐라 벚꽃님(잎)
내 누이 꽃

벚꽃 봐라
들녘마다 피어나는 하얀 꽃송이

우리 님이 참 그립다
눈물 흘릴 때

한 잎 두 잎 떨어져
흰 눈 날리는 그~때

그대로 고운 자태
우리 꽃 너울

벚꽃 봐라
벚꽃 너울

흰 눈 쌓인 곳

흰 눈이 쌓인다
하얗게

그대 입술로
잔서리 뿌리득기
흰 눈이 쌓일 때

눈사람
눈사람
크게
작게 만들어서

하나는 엄마 것
하나는 누나 것
하나는 내 것
콧수염 붙이고 놀자

흰 눈
흰 눈
흰 눈으로

잔디 잔디
꽃너울에 잔디야

어느 날
그대 잎파랑이 꽃으로
이쁘도록
염색물 들이니

푸른 초원 영원토록 기쁜 날
그날이 새날

새 역사의 길이 빛날
자연의 멋

그대 숲
봉선화 연정날

바다야 그대님

바다야
밀물 때는 밀려왔다
썰물 때는 쓸어져간(쓸려간)
바다야!

너의 보금자리란?
물가 위에 모래밭
그대 숲

안개비가 넘실넘실 춤출 때
그 님의 옷자락 적시듯
바다야

조용조용
시끋버저

밤의 빛

다리 다리솜
고갯마루 언덕길가

개너울아 개너울아
슬픈 잠에서 일어나서

어서 빨리빨리 꽃을 피워라
그대여!

참새도 이른 아침이면
반짝반짝 눈 비비며
먹을 것 입을 것을 고르건만

니는 무얼 찾나?
아침 날
아침 날 꽃

달그림자
달그림자
뽀얀 달그림자

하늘에서 내려다본 천사
그대 얼굴빛
나의 뽀솜이

백색공주 백설공주님
아이나 아이나
아이솜 아이솜 너울로

이쁜 공주녘
백설공주 백색 너울
달그림자 꽃

예쁜 꽃

강산에 넘실넘실 춤출 때　　　　코스모스
우리 님 우리 님　　　　　　　　깨꽃
그 동무여!

아리아리 스리스리
아리랑 고갯마루 언덕길가
코스모스 임자
임자 꽃

임자 만난 듯
그대로 술취한 듯
아라리 아라리 아라리요

방긋방긋 웃는
개나리너울(꽃)보다도
더욱 더 향긋

향내 나는 꽃잎이란?
예쁜 꽃

강물아
내 너울에 잠든 밤

나는 나는 너와 함께
이 강산에서 숨을 거두리라

내 너울꽃
강물아 강물아

너처럼만
조용하게
숨죽인 채로
조용토록
이렇게 시 쓸란다

나의 태고적 신비로움
글 글 글 글
글쟁이

오작교

저 산 너머 누가 있길래
푸른 숲이 가리워졌나!

그대 송이로
이쁘게 덮힌 꽃

아름아름
아름드리 꺾어다가
다리를 놓아

저 산 너머 누가 있길래
그님의 오작교(다리)
그늘 밑으로
우리 님 찾으러 나오소

저 산 너머 누가 있길래!

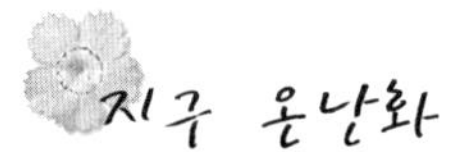

꼭

창밖을 보라
시원한 봄바람은
가실 곳을 못 찾아
헤매이다가

다시
눈사람 눈사람
눈사람을 맞는다오(네)

우리의 사계절
춘봄 여름날

다시 오는 그 꽃
임금님 소풍잔치꽃

개너울 바위 밑
춘봄너울
가을하늘 베개로

그대야 그대야
꼭 그대야

인니도 꼭 나도 꼭
꼭 꼭 껴안고

꼭 꼭 나누며
꼭 꼭 잊지 못해

꼭 꼭 사랑하고파
꼭 꼭 새끼손가락
열대 번 걸었소!

꼭 꼭 사랑하는 님이 되고파
꼭 꼭 자리싸운
우리나라 오금통

흰 눈이

흰 눈이 흰 눈이
겨울 날
흰 눈이 와

벌거숭이 마른잎 가지마다
새옷 입히고

다시 뜨는 태양빛으로
벌거숭이 푸르름

내년
봄 여름 가을

그대 입술
뽀얗게 하얗게

아 야야 너울꽃
흰 눈 오는 그날 밤
벌거숭이 가지마다
흰 눈이 흰 눈이

우리 님 옷
겨울 잔치꽃
흰 눈이 흰 눈이

버들아

버들아

꽃 버들아

님 찾아 왔노!(소)

그님이 보고 싶어서

푸르게 푸르게

너울치마 갈아입지도 못하고

그대로 남아

님 그리다가

우는 소쩍새

둥지 맞이

우리 님 너울지마

수양버들잎

꽃버들 너울

이사

이사하고 쓰는 시

아침이구나

새롭게 단장한

나의 너울집

꼬마 꼬마 꼬마

꼬마둥이 분필로

나의 엽서 띄운들

새롭게 단장한

나의 집

우리 집

엄마 손

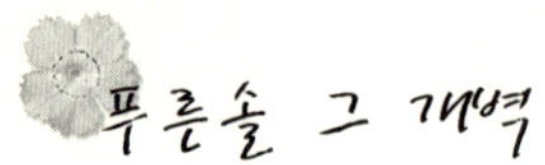

산아
푸른 산아
가을을 불렀구나!

너의 임자 없는 꽃
가을을 가을을 알리고

내년 초순
그 밤

너와 나와 어깨동무하고
춤을 추니

노랑꽃 하얀꽃 만발
그 밤
그 곳(꽃)

우리 꽃 펴든 개구리송
임자 없는 노송

가을 꽃
나무

풀잎에 무슨 일이?

찬다바위

이슬 이슬
물방울

풀잎 사이사이에 맺힌 열매
물방울

비 오는 날
그대 송이

아롱아롱(대롱대롱) 너울져
반짝반짝 흰 방울로
지나는 행인 유혹하네(는)

이슬 이슬
물방울

풀잎 사이사이 맺히
동그란 너울
물방울 꽃

언니 언니 내 언니
꽃가마 타오

가는 님 해로일색
언니 꽃바위로
나를 나를 찬다바위로 엮지만

찬다 찬다
찬다 꽃너울 잎파랑이

우리 님
찬다바위님

가을비는 보슬비(= 낙엽만 적시는 비)

살짝이 살짝이 살짝이 옵서예

가을비 가을비

우산 속의 여인아

가을비의 청명함

우리 님 얼굴 모습처럼

따뜻한 봄철

가랑비 맞고 자란

솔잎처럼

예쁘게

푸르도록

푸르게 푸르게 피어

이내 몸삯 마누라

그대 꽃잎 되소서

봉숭아꽃 피는 연정님

꽃 단풍잎

단풍아
단풍아
꽃너울의 단풍아

붉은 초원
그대 잎
오색 옷 입고

너와 나와
손가락 반지꽃 만드니

노란 단풍잎이
제일 아름답구나!

옛부터 긴 꽃 열매는
단풍꽃
단풍열매 꽃

아리랑 스리랑
고개 넘어

노란 연두빛깔 무지개로
수를 놓는다오

가을날
꽃 그림
단풍잎

들꽃 봐라
들꽃이여!

누구의 손끝도 없이
날이면 날마다
시원스럽게
매달려서

밤손님 낮손님
밝은 하늘 내다보며
이쁘장하게 너울너울

청결한 하늘 밑에서
마음껏 즐기며 사는

들꽃 밤꽃
수선화 열매송이

우리 겨레의 믿음나무
수선화연정 열매

깊은 밤
꽃거울
수선화 수선화

잔서리가 싱그럽구나
아침마다 이슬 맺힌 듯
벙글벙글 맺혀서

이른 새벽녘
꼬끼오 밤거리 누비던

그 안개비들
이제야 제대로 왔소!

해님이(해돋이) 들녘
밤피 꽃너울

새벽 녘 공기로
마실 나온 꽃

방울방울 너울
이슬 맺힌 한 꽃
방글방글 너울

모래알

강이요 강
별이 온다

쉴 곳도 많은데
강변에 누워

모래알(밭) 천장 삼고
조개껍질로 마루 놓아

우리 님 그이와 함께
뽀뽀보 뽀보

한겨레의 눈물접시
꽃잎으로

긴 밤 지새운 그 너울

소녀야
긴 밤 지새우니

아침 날 긴 꽃도
예쁘게 너울너울
그대 너울너울
님 마중 너울너울

우리겨레의 꽃
님 마중 너울너울 반듯반 듯
피는 날

그대 꽃송이
아침 꽃 상 펴

님 그리워 울 때
꼬끼오 꼬끼오
새벽녘

달빛 청춘
님의 청춘 너울잎
개구리 두 쌍

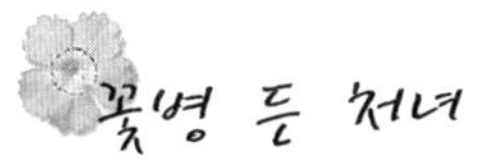

푸른꽃 펴든 남자들

아랑 아랑 아랑아
아랑이가 꽃필 적

아랑바구니
아랑대더니

그쪽보다 예쁘도록
강산에서
아랑 아랑아!
너울지네

금년 한해 꽃농사
아랑바구니로

예쁘다 꽃너울
아랑잎 너울잎
꽃병 든 처녀

달래야
달래야
꽃잎에 달래야

새까만 눈동자는 하얗고
검은 눈 꽃버들도
님의 얼굴 그리니

달래야
달래야
님의 너울

푸른꽃 펴든 남자들
달래잎

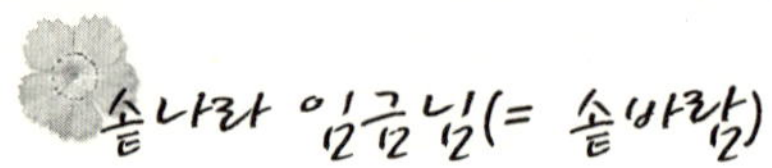

솥바람
솥바람

너울 너울 솥바람아
너를 안으니
가을이 머지 않아
사라지것구나(기울것구나)

솥바람아
솥바람아

임금님의 첫사랑 너울처럼
하얗게 누렇게

솥처럼
까만 마음이 아니지!

그대 솥거울 솥바람
임금님의 나라

우리 겨울날
솥거울 솥바람
꼬끼오 너울

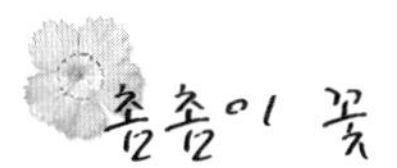

촘촘이 꽃

깨꽃 봐라
깨꽃 봐

님들의 열매
촘촘이 새겨져 피어나

누굴 닮아!
좁쌀 좁쌀

좁쌀 영감마나님처럼
촘촘이
촘촘이 꽃
깨꽃 너울

너와 함께 있는 날

사서 맺힌 한은
늙어서도 안 녹아요

어느 날 갑자기 찾아든
사랑 꽃 보고

잊게노라 잊게노라
잊으라면 잊으라면

철없던 그곳
맘에 든 산소

우리 오빠 그믐날
꽃 바위 들녘

마음만은 고아라
너와 함께 있는 날

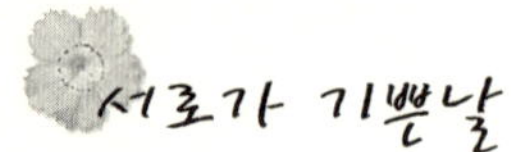

서로가 서로를
기쁘게 사랑하소서
어떻게 말이요?

기쁨 주고파
울고 싶거든(싶을 때)
그대로 뒤집힌 척

누워서 받고
서서 우는 자는

앉아서나 누워서나
모두 다 슬픔(슬플 거요)

네 이놈의 세상사
누워서 받고 서서 웃는다오

희미한 공갈바위
청춘오락 프로그램(꽃방귀 뀌는 날)

여보 여보 꽃보따리 보소!
안녕이라고 말할 때가
가장 아름답지요

언제나 꽃답도록
새롭게 활짝 웃을 수 있는
시간 갖도록

안녕이란
두 글자
가장 예쁘고 아름답다네

무명베로 얽키고설킨
저 하늘의 천사꽃(하늘 천사꽃)
(안녕이라오)

옹알이 밥상

옹알 옹알이
나의 너울 빛

옹알이노 옹알이도
옹알이 나름

옹알 옹알
옹알대다
옹알 옹알 끝이 났소!

옹알이 식사대용
점심식사

옹알이 반찬으로
옹알시사

모가 패 되기란?
너무나 쉽고

밤에만 피니
감자꽃 감자꽃
뱀이 물어 와

긴패 둘패 석패
물구나무 서기요

석패 한 마리
이것이 봉이

꽃심 꽃심(꽃바위 꽃바위)

훈풍바람

바람아 바람아
시원스러운 바람아

어디에서 훈풍 만나
나의 옷깃 날리며

나를 나를 보듬어서
시원토록 하니!

내 거울삼아 듣는
선풍기 바람보다도 더

시원스러운
자연스러움

나의 여치
꽃 가마꽃

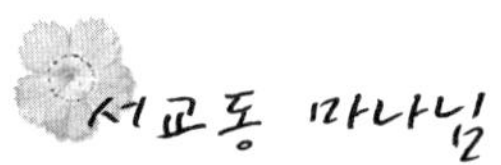

서교동 마나님

닭통집 닭통집
주물럭 반찬통

길거리마다 술 한잔
얼큰설큰 취한 채

한 잔 먹고 두 잔 채
석 잔 드니

내 누이님
서교동 마나님 만났슈!

보리수 보리수
팽이 밥

신을 신고

시원한 바다가
부채도사 엽서 받고서

부채님 부체님
내 무릎베개 무릎베개
엽서 보소서

아침 동녘 그늘바위
애개개 꽃바위

송이송이 피어나는 우리 님

한가히 떠도는 태양아
우리 님 가지를 보라

너와 나와 손목이나 잡고서
하늘나라 그 님 전에

꽃 그림 꽃 그림
그려나 볼까?

밤송이 밤송이
내 꽃송이(너울 님)

쓰러지다 지친 놈아
일어나 서자(보자)

나의 팡이
팡이 팡이

누나팡이 엄마팡이
우리님 팡이 꽃

나를 나를 베개 삼고
언니 꽃바위로
열매 꽃으니(맺으니)

꽃너울 꽃너울
팡이송이 꽃너울 잎
금잔넥와

꽃풍

꽃풍아 꽃풍아
꽃잎만 보지 말고

인내하는 우리의 강산에
다시 피도록

낙엽 떨어지는 그날까지
아름답게 부소서

꽃풍의 계절
봄 여름 가을 겨울

날 잊지 마오
꽃풍아

꽃풍 꽃풍 꽃풍

잠자리 잠자리
고추잠자리

님 잃은 고추잠자리는
날갯짓 날갯짓
힘이 없고(구)요

엄마 잃고 사는(나는) 나비는
아주 멋짱이

우리 집 잡놈 집
개구리 두 마리
푸드득

잠자리채 든 사나이

잔별

구두는 두 컬레
나는 한 컬레

신 바위
꽃바위 꽃

님 상 차리니
밤에만 오소서

밤님 내님 꽃바위 님
꽃님

님의 전당 풀 속
잠자는 호랑이 꽃 속

내 누이 잔별

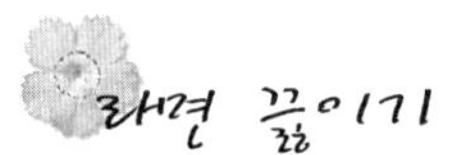

라면 끓이기

냄비뚜껑 열어놓고 보면
김만
모락모락

라면 끓는 소리에
지글짝 보글짝
나의 고소한 냄새지기로

엄마 엄마 내 엄마
솜씨 자랑

라면 라면 라면장수(사)
소금장수
나의 누이 반찬님

무우고개 스무날

밥 빌다 손목 끊나?
주먹 쓰다 다리병신 되지

문둥병 환자처럼 시끄럽구먼!
골뱅이 삼춘 댁 아줌나 아서씨

이태백 가는 꽃길
넘쳐나는 내동리

수문장 괴소문
돈 도둑이다

몰래몰래 감춰놓은 돌무덤
용왕님께 들켜

헤로일로 빈색되고
무덤 파 나르는 돈
일촉즉발 팽이로다

벌걸렁(= 벌겋다의 새로운 준말)

유리 알

나비야 나비야
꽃 나비야

어디를 어디를
날으다가

나를 나를 넘어와
꽃맞춤 하니!

꽃망(방)울 꽃망(방)울로
내 누이님 꽃술 건드니

아 야야 아프다고
아 야야 뽀뽀뽀 한다고

누나 눈동자
벌걸렁

버들아 버들아
보슬비 오는 소리에
푸르구나!

가지마다 열매 따
이엉에 두니
너의 가지마다 보슬보슬
열매 맺혀서
물방울

그 물방울은
수정(유리 알)

님 그리워

달래야 달래야
엄마 잃고 숨어서 자란
달래야

너의 달래 잎
우리 님 꽃바위로

너를 감싸들고
예쁘게 예쁘게
자랑삼아 키우소

기쁜 열매
우리 달래님

햇볕이 내리쬐는
뙤약볕 속에서

우리 님 찾으러
강변에 나가

먼 산 아지랭이더러
물어본들

나는야
뱃사공 넘어로
모르쇠

꽃반찬

우야꼬
그대 침상님

꽃반지 꽃반지
우야꼬 반지님

내 누이나 좋아하나
끼워나 볼(줄)거나!
우야꼬 반지님

각시 각시(스) 무명지기로
우야꼬 우야꼬

왠만하면 그냥 계시소!
뭐 달라고
임자꽃 임자꽃 했소!

누나 꽃방울처럼
꽃동네 새동리

무명의 밤
건너마을 갑돌이도 오소서

무명초 그늘 밑
삼베바위 꽃반찬

언제 오시려나!

님 떠난 곳곳마다
행여나
그 님이 오려나

봉선화 꽃물 들인 손가락으로
하나 둘 시이 니희
세어나 보자꾸나

님아 님아 거짓말!
내일 온다 하더니
오늘밤만 자고 오소서

어제 떠난 그 님
내일 다시 만나려나

우리 님 찾아서
보고픈 들녘

댕기머리
꽃가마

꽃이 피는 날

걸상바위 걸상바위
누나 꽃바위

우리님이 걸어온 길
그대 숲 바위 속

고깃배로 휘젓는다오
꼬끼오 새벽이 오는 그날

걸상바위 걸상바위
무덤꽃

뱅이 무덤
꽃너울

가을날 가을날 꽃이 온다오
믿음직한 사나이답도록

푸른 산 너울 쓴 채로
붉다 만 하늘 보며

님의 초롱바위 꽃보다 더
곱게 즐겁게 화창하도록
즐거운 날

내 언니 님
시집오는 날

고운님

긴밤

님아 님아 고립되소서
님 떠난 방앗간
참새도 울지 않도만
너만 기억 나

그렇게 울엄마
꽃바위님만 보고
울엄마 울엄마 기억되소서

아니노니 나일론 뽕
기도 드리니

울엄마 울엄마
접시 꽃 무덤님

밤이 오소서
비 오는 밤

님이 찻는 그날 밤
나를 나를 찻도만

님너울 남너울
내 그님 꽃너울

밤이 되소서
아지랭이 없도록

조용한 한가한 그날 밤

우리엄마 병환은 숙환
잊으라 잊으라
잊는다 잊는다
뱀이 몰고 오는 그날 밤

숙환병든 자여!
가만히 들만 있으소

괘로 묶는 밤
너울 진 삼자락

너를 묶으니
숙환의 침상바위

침구 침구
나의 얼굴모습

넌즈시 꽃잎

꽃아 꽃아
실바람 타고 오소서

너의 향
내입에 부치니
고운 향 코로 찌르고

너의 아름다운 너울모습
나의 가슴저리도록
시원하구나

너울너울 밤피여~!
꽃너울 치마폭 자락
나의 꽃님이여!

통통배

거울아 거울아
태양 안의 거울아

님의 꽃전등
밤에만 살짝쿵

여름날
고깃배 창 넘어로
그 님 얼굴 내 얼굴 비치니

아니노니 멋짱이
통통배

동녘의 품은 뜻

열매열매 꽃열매
분홍 꽃열매

보기 좋아 울엄마 품에 없으니
누나 꽃
내 꽃
배꽃
밤에 피도록 감춰

봄에 피는 패랭이 열매
무덤에서
바라는 마음

마당 산너울

긴 머리채 흔드니
어느새 꽃너울

우리 님
그대 잎사귀 길
나름나름 찾고

우리가
다시 만날 때
임자꽃 임자꽃

너를 너를 기린다네
꽃방석 방석꽃

동무들아 나오너라
꽃잔디 펴고

강너울에 묵 삼지꽃잎
점심 그늘 낮석녘
빈당 채리니

채소열매 우렁쇠
고기로 고기로 모여

걸레바위 꽃바위
우리 님 그늘바위
꽃너울 잎

빈당 꽃너울

호남국수

국수 국수 나의 국수공장
따님으로서
나의 엿가락처럼 휘어

국수 국수 국수
쭉쭉 빨아서
입 안에 쏙쏙쏙 넣으면

우리의 옛맛
짠맛 신맛 달콤한 고추장 설탕맛

밀가루 음식 중
제일 좋다나!

내 누이 꼬부랑 젓가락
왼손잡이 누이님

맛자랑 맛자랑
국수 비빔밥

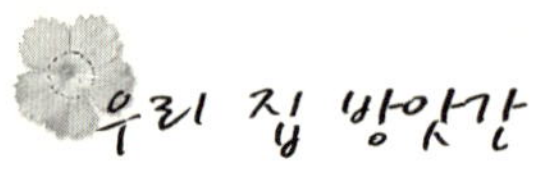

방아 방아 방아 찧어
굵은 떡가루로

가래떡 화전떡 분홍 머슴떡
가슴마다 피어나도록
김 모락모락

새벽에 공기 스며들면
바보온달 평강공주 삼총사
떡 빼러 와
내 어머니 손길 보며

방앗간 방앗간
우리 집 방앗간

깎자(= 가위 손)

남성커트 여성커트
미장원 앞

머리 잘라서
미인 되고요

엄마 빤스 빨아서
깨끗한 몸 되니

이내 몸 검은 베레모
미장원 미장원

수염 청정
고운 할미꽃 인생

보고잡아

새벽에 우는 철새는
우리 엄마 슬픔

밤에만 뜨는 개구리는
우리 아빠님의 철철 흐르는 눈물

가거라 보리뱅이야!
꽃처럼 꽃처럼

내 강산
얼씨구 좋다
얼씨구 좋아

민둥산 벗고 보니
가는 해 오는 해
동녘 빔

보고잡아 보고잡아
누이님아 보고잡아
아니 노니는 못 그린다네
보고잡아

이승사자 보고잡아
저승에 가 슬피우니

우리 님이
보고잡아 보고잡아
스리랑 고개

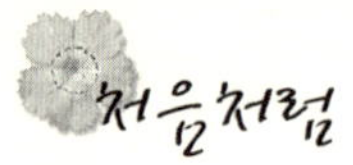

처음처럼 살다가
처음처럼 디지니(죽다)
처음처럼 술맛 좋다

술이란?
내 인생의 고갈 문턱
길고 길게 엮어서
이대로라 좋은 모습으로
그렇게 피어나니
술맛 좋다

무명의 더러운 피
참다운 행복
기로 패 뜨니
처음처럼
처음처럼
처음처럼
처음처럼
처음처럼
길도다

긴맛 짧은 맛
술맛

부처의 소생불상

붉은 연등 푸른 연등
내 소망 연등 꽃

부처님 오신 날
길길마다 뿌려져

한가한 저녁노을
밝게 밝히니

오늘이랴 우리들(내) 세상
부처님 찾는 날

우리 모두 길이 보존되소서

하느님 하느님
연등 불(꽃)빛 아래서
내 연등 찾기 찾기로
부처님의 꽃연등

성불의 소망은 하나고요
성불성불
자비로 성불하면
부처께 고하는 말씀
인내와 순응
나의 기림동산
꽃마을 꽃마을 처녀
님의 꽃마을
부처님 기다리소서
성불로서 자비로서

사랑하는 사람아 사랑하는 사람아
사랑이 무엇인지 알고 떠드니?

그 무엇과도
바꿀 수 없는 듯하지만
마음의 가시란?
사랑하는 사람아 사랑하는 사람아

그 무엇과도 바꿀 수 있듯이
사랑하는 사람아 사랑하는 사람아

인내버들 밤버들 되어
푸른 산 저 멀리
먹구름이 한 자락 피어오를 때
사랑하는 사람아 사랑하는 사람아
서방님의 그늘 따로 없도다

내 태양 니 태양열
열꽃보다 더 빛나도록
사랑하는 사람아 사랑하는 사람아
인내로다 기쁜 들녘 노랫소리로

사랑하는 태양열 열기구 타고
하늘 끝까지 날으는 참새 떼처럼
깊이 있게 사노라니
사랑하는 사람아 사랑하는 사람아

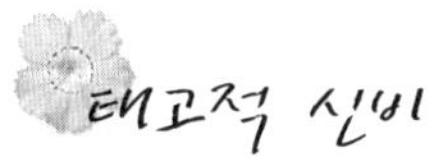

태고적 신비

어미는 딸을 보고 웃고요
아빠는 자식 보고 웃는다네
우리내 살림살이(민심)
여기에 묶인바(매인바)

태고적 신비란?
딸자식 잘 키워서
무명의 점등행렬

꽃청춘
내 청춘

모기불에 등잔바위
우리의 민의(민심)

오소서

오소서 오소서
부처님 등꽃 보러

산이나 낫이나 밤이나
불꽃
휘향찬란

주님이 보여준 하늘
부처님 오시는 날

이날을 기린다
우리의 겨레

망사 방사 방사꽃
보리수의 열정

누나야
꽃이 되소서
엄마꽃 내꽃 니꽃

반듯반듯 펴진 꽃
방글방글 웃는 꽃
싱글싱글(숭얼숭얼) 맺힌 꽃

열매(꽃잎) 따
한입에 넣으니
구수한(향긋한) 꽃내음
내 입술 되네

아이고 멋쪄!

그대 입술에
하얀 속살 뽀뽀하고

양 옷고름
그대로 젖히니

아주 예쁜 봉우리 보이네
젖꼭지

아참 반찬

아참 아참 아참 반찬
너울의 강변은
시고처럼 아름답고요

이내 슬픈 추억일랑
아빠 없는 세상보다
능력 없는 나라로
밤 꽃 폈도다

나누네 나누네
세상 끝까지

빨간 마후라는 하늘만 보나
땅도 보지요

날으는 새를 보라
비행기 지나가는 자국 없이도
잘만 나르는데

님의 가르마 선은
어찌도 그리 크게크게 자국자국
얼룩이 지나

오호라 통재로다
슬픈 태백그늘
밤피리 소리로

쑥

쑥
쑥의 향긋한 향기는
내 누님 등살을 굽게 하고

어머님의 상차림으로
구수하게 피어나

그 님이 보낸 엽서 보고
내 어머니 쑥 잔치

쑥떡 꿀떡 매떡

여치

물위에 뜨는 잔별들은
내 인생 같고
님의 소식통 담고 보니
별이 더욱더 반짝반짝

미운 빌걸음
남동생 걸음마 걸음마

이쁜 여보 당신 소리에
걸음마 걸음마

서울의 색동저고리
내동리 무명치마

꽃은!
꽃 필 적이 가장 아름답고

인내하는 그 모습이란?
젊어서 늙어서
누구나
고진감래 뜻으로 받들며
여러모로 장구벌레 되니

스산한 가을 여치울음 되어
미우나 고우나 반편생
여치 여치 여치

넘겨짚지 마
엿장수 마음대로

그때 당신 무릎베개 무릎베개
서글펐도다
다시 뜨는 무릎베개 무릎베개

너도 한 잔 나도 한 잔
무릎베개 무릎베개
기도하네 서방님 시금자 깨
무릎베개 무릎베개

시소 타 감자 먹고 다시 삶은
잉어요리 무릎베개 무릎베개
그님의 떡쌀 무릎베개 무릎베개
시고바람 넘치나니
무릎베개 무릎베개
동냥아치 방아치
무릎베개 무릎베개

질기고 긴 세월
무릎베개 무릎베개
서방의 하늘이여!
거침없이 싸워라
무릎베개 무릎베개

참새도 가지에서 웃는다
무릎베개 무릎베개
임자 없다 느것인 양
무릎베개 무릎베개
갈보리 역사상 유래 없다
무릎베개 무릎베개

이 몸이 새라면 달덩이처럼
무릎 어깨 주물러
그대로 방치만은 안 했죠!
기미년 요리무끄당

산수합시다

달덩이처럼 붉은 해야!
너의 갈길 험해도
나의 별님 보면
우습죠?

왜냐고 묻기보나
달님아!
니가 먼저 대답할꼬?

너의 귀밑머리
나의 접시꽃
너무 갈 곳 못 찾아

밤마다 그곳으로 뜬다
달덩이처럼 붉은 소라 잎
나의 끼

님의 숫자 3
나의 숫자 5님

다음 숫자 없님
그 다음 넋자 8님 9님 10님

숫자놀음 내놀음
산수합시다

산수는 재미있죠!
수셈 뺄셈 나눌셈 곱셈

그 다음은 더하기
모두 다 합하니
8이디 팔
팔자요

비가 온다
청명한 하늘 가리고

먹구름 떼 몰려와
우당탕탕

한줄기 주룩주룩 쉼 없이 흘러
이젠 조용한가 했더니
또다시 우당탕탕
비가 온다

오락가락 비손님
빨리 와!

내일도 너의 꽃술잔치
비 소식처럼
우당탕탕

아비나무타불

성령이여(성불)!
불을 밝혀라
님의 꽃전등처럼

리로 받들면
패로 뜨고요

패로 더듬으면
이로 또 갈지!

미운 꽃전등
아비나무타불

시가 있는 이야기 · 5

●●●

널 좋아하는 나뭇가지 위에 걸쳐
님과 함께 노닐다가
동녘 빛이 뜨는 그때
이별하라

거울아 거울아
내 거울아

내님 얼굴 비춰보니 반상
너의 얼굴 비춰보니 방긋(벙긋)

우리의 쌍둥이 남매
두 거울
내님 얼굴 빛

구루마 꽃

꽃 꽃 꽃이요
구루마 꽃

한 솜 두 솜 세 솜
열 꽃송이

생일 선물용
나이대로 사시요

할머니 꽃잔치

산유화

산유화야 산유화야
너의 노란 꽃잎 보면

방울방울 숭얼숭얼 핀 꽃처럼
너무 가냘프구나!

그 빛깔 오래 뽐내
내년 봄 다시 만나!

환한 너울 너처럼
숭얼숭얼

긴 밤 짧은 밤

긴 밤은 즐겁고
짧은 밤은 서글퍼

아침이 늦다 빠르다

그대 품이
그립다 섧다

나도 한 쌍 너도 한 쌍
둘이둘이 만났네

긴 밤 짧은 밤

반찬 없는 밥상

깻잎 반찬 소금절임
누나야!
밥 비벼봐

누님의 콧물 눈물 다 들어간 양
님반찬
아빠는 울보
엄마는 해보

우리 집 밥상
반찬 없는 밥상
울보 깻잎
널브러진 상치 잎

푸른 하늘

고깔모 피던 하늘처럼
청명하고 맑아

누구의 가르침 따라
청명할꼬?

그대 때문에 푸르고
그대 때문에 청명하다오

우리의 그 님
빛깔 고운 새색시
무덤의 열정

개골개골 수염도 길지
하루해가 저문 듯
그렇게 지샌 세월

이젠 봄 돌아와
한강 물 넘쳐나니
너도 따라 나오너라
경칩이다

고깔모

어쩜!
고깔모는 그렇게 화려하지!

누님이 그리다가 만든 꽃
연꽃 받침

무얼 먹고 만들까?
그 님이 잠들던 시간

서리서리서리 맞고 만들죠
이슬비 오는 소리처럼

달

우리가 만나는 날
계절마다 다르죠

겨울은 겨울대로
흰 눈이 와 즐겁고
가을은 가을대로
단풍이 화려하게 물들어 즐겁고
여름은 여름대로
슬픈 일이 없어서 즐겁고
그래서 즐겁다네
봄
여름
가을
겨울

사계절 풍경다운
우리 동네
꽃동네

달아 달아 달아
뭉게구름 펼쳐 봐!

엄마가 좋아하는 나비
참 나비로

젊게젊게 아주 넓게
세상을 향하여

뭉게뭉게 꽃봉오리 만들며

발버들처럼 인내하면

쑥바위 내 바위
살포시 숨겨져

참나무 밑에 머슴아이들처럼
푸르게 푸르게 흐느적 흐느적
나팔나팔
그렇게 피어나

나의 고즈넉한 이 밤
너와 함께 즐긴다
쑥떡

잊는다
잊는다
산천아!
금강산아!

할머니의 호미자루
나비꽃 피며

봄나들이 뺑뺑
누님 발걸음

인내하고 참으면
기쁨이 와요

봄의 낙엽들처럼

갈대 밭

갈대야!
너의 포근한 돗자리
님의 사랑방

그 고운 살결로
속살 비비니
나의 오르가즘 절로 느껴

푸릇푸릇 잔디밭 속
누런 갈대

본각사

대웅전아!
푸르라 푸르라
반만년 역사 위에

너의 웅장함은
기쁜 법성가를 즐기며
슬픈 법성가는 가다듬어
세계로 세계로

법당불사 신령님
나무관세음보살

본각사여!
길이 보존되소서

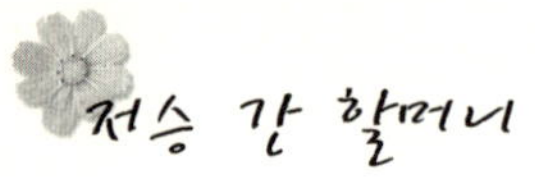

토(= 흙)

할머니 한 분 왔네
점등 밑으로

저승 간 할머니
꿈에 본들 잊으리까?

접은 사진 첩 속에
그 명당자리 찾고

님의 소식 그리워
이승에 무덤 팠소!

할머니 따라 온 귀신들아

보리뱅이 꽃피던
그 열무김치에

우리의 강산아!

너와 나와 손잡고 함께
웃겨 보자구나!

도리도리 짝짜쿵

억새

그렇게 그렇게 만났다

그렇게 그렇게 헤어지고

그렇게 그렇게 이별하는 사이

우리 사이
연인
사람과 사람

억새야!
긴 장대로다
수수밭처럼

그러나
그렇게 그렇게 피었다
그렇게 그렇게 지고
그렇게 그렇게 떨어져

그렇게 그렇게
가을바람에 또 오리
억새 꽃

달아 달아 둥근달아
갯바위 위에 걸치지 말고

널 좋아하는 나뭇가지 위에 걸쳐
님과 함께 노닐다가

동녘 빛이 뜨는 그때
이별하라

둥개둥개 두둥실
어화 둥둥 달덩이처럼

머리

쑥 쑥대머리
골 골동품 머리
억새 꽃

거센 찬바람도 견뎌낸
그 머리 질긴 머리

빗기는 바람
억새 꽃바람

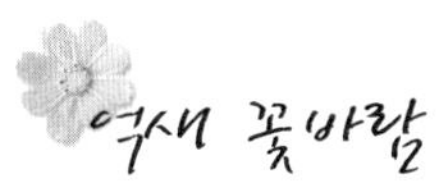

억새 꽃바람

억새바람 꽃바람
풍악을 알리는 바람
소리나는 바람

님의 별당아씨 울리는 바람
그 바람 시원해

봄에만 부는 바람
억새꽃처럼 붉은 바람

가을의 풍년화
억새 꽃바람

바람 같은 날개 펴

새야 새야 날아라
그만큼만

너의 쉴 곳 찾아
날고플 때까지

창공의 별들처럼
이 동리 저 동리
날개 펴 구경하고

앉는 곳곳마다
니 세상 그리려므나!
철새 한 마리(외로운 철새)

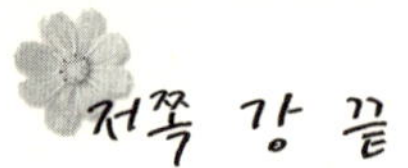

두루미 찾아 강으로 왔소
조용한 시골길 따라

오렌지 향 그윽한
논두렁 밭두렁

그 님이 볼세나 숨죽인 채
사뿐사뿐 걷는다

두루미 떼

눈 녹은 자리

햇볕의 따사로움에
눈이 녹는다

언제 오리라 기약도 없이

눈 녹은 자리
초라한 이브자리

아이들이 놀라워 쉬하던 자리

그 자리로
봄은 찾아온단다

눈 녹은 자리

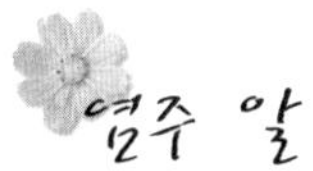

염주 알

염주 빛깔 곱고
당글당글

이리 굴려봐도 똑같고
저리 굴려봐도 똑같은
콩알

무엇을 실어 엮었나?
천만 번 돌리고 돌리고 돌려

이승에 영혼 불러다가
저승길 다리 놓는 염주 알

오솔길

오솔길 오솔길 나의 오솔길
님과 함께 걷던 그 길

봄소식 듬뿍 안고
다시 걸으니

푸른 잎도 누런 잎도
나를 반기네

들길 사이 오솔길
나의 오솔길

개나리

벌레둥이 벌레둥이 키버들
솜털로 바람막고
꽃봉오리 자랑

강줄기 갯바위 밑에서
한가하게 노니나니

오늘도
봄내음 가득 안고 한들한들
바람과 함께 춤추네

송이송이
솜털 꽃송이 키버들

고운님 노래비 개나리
봄소식 듬뿍 안고
제일 먼저 소식 알려

만백성아! 일어나
이 꽃을 보아라

지금 보기는 노란 꽃
이 다음에는
푸른 잎으로

마지막 장

갈대밭아!
안녕하자 가을을 머금은 채

숱한 찬바람 이겨내고
새봄을 맞는구나

너도 기쁘고
날아드는 참새 떼도 반기리니

누런 들녘 늘 푸르도록

와~~~ 붉다 붉어
검붉은 태양

해질녘 나뭇가지에 걸친
동그란 용광로

서서히 기우는 저녁빛
붉기도 하지!

흠 없는 용광로의 불덩이처럼
다시 만나요 그때

아침 동녘
햇살 밝은 그 아침에

영감 하룻밤만 자고 가
님 떠난 시간이 너무 그리워
이승에 머물다
당신 옆에 잠시나 쉬었다 가오

그쯤 엽전일랑 고이 간직하고
염주바구니 잊지 마

그 속에
나의 꿈 너의 꿈자리 함께하는 길
저승의 구름나라
그 바구니 안에 있소

염주팔자 시방생도
노영감 한풀이

그 꽃 색시들

문을 열고 지그시 들어다보니
용왕님의 물고기 나를 반기네

깜짝 놀라 두 눈 번쩍
수염청정 조용한 그놈들

용왕의 가르침 따라
오늘도 지느러미만 살랑살랑

흰 반점 붉은 반점 색색이 입고
용왕님의 앉은자리 빛되게 하네

조용한 밤 그 꽃의 긴 밤

서풍아 꽃 떨어트리지 마라

베적삼 고이 접어
부처님께 전달하고
누님보고 전하네 보고픈 들녘

푸른송 가득 담아
비구니 쩨 엄미 드려
님께로 전달

나중에 나중에 낮부터 가리소
붉은 연지 곤지 찍고
무엇과 바꿀까?

나의 꽃 너의 꽃잔치
봄나물 캐러 온단다

그대로 머무는 이승

빈들에
마른가지 한겨울을 알리며

임자 없는 나무마다
지독히도 매인 새소리

둥지 튼 가지마다
님의 전당 만드네

곁가지 꺾고 속잎 보면
살생의 비밀 여기에

봄 돌아왔다 계절 알리고
생명수의 밑그림
당신이 제일 그 소식 지키네

봄에 피는 나뭇가지
나보고 좋소 벗된 길이 또 있나
밥 빌던 손길보다
부처와 함께하니
영혼의 불빛이 내게로 오네

여보시요 영감님
저 저만치 서소
무덤에 가깝게 서다 보면
붉은 구루마가 울고

하도 끝이 없어
영혼의 빛을 보니
당신의 옷고름이 길기도 하오
낙승천하 불꽃 피니

모래 속 시계추

딸막 딸막 딸막
초롱초롱 붉게 물든 하늘나라
그대 품에 얹으니
내 방실 니 소원 벗들 되네

사바의 극락인랑
누님 빛보다 아름답고
저승길의 빛된 길이란?
이승의 무모한 살림보다 낫다

천상천하 극락이여!
우리의 길벗되어
원앙생 원앙생 지극천도

붉은 숯덩이 아름다운 빛깔
저 불속에 누가 앉았나?

숯덩이 속에서 피어나는 개미허리
불조심하니

두 조각 난 열쇠꾸러미
한 묶음 되어

거미줄 쇠사슬에 매인 몸
나 홀로 빵간행
줄줄이 빵간행

제대로 된 한국
모래시계

천상의 소리 다시 듣고

옆으로 뒤로 앞으로
올렸다 내렸다
무속아 달려라
귀신들의 품앗이

어찌 고상도 하지!
붉은 천에 흰 너울
그대 품에 접시 되어

임자 없는 천상의 무덤아
아이고 슬펐소

일찌감치 이승 등지고
저 구름 안에 집 짓고

그리워 바라보니
이 모습 가련타

징 꽹과리로 답례했소!
천도제

당신의 속박생활

빨강색 파랑색 노랑색
무척이나 곱다
붉은 거울 속 그 그림자

귀신혼령 듬뿍 담고
지상평화 누리며

당신의 영혼 극락왕생 비노니
있는 곳 머무는 곳곳마다

이승생활 기리다가

또 만나

무덤 열리는 그날

무덤덤한 그 고개

밉다 밉다 고운님
점쟁이 소리 들어
산천초목 괭이 밥 주며

까치님 까치님 우리 집 찾고
엄마 잃은 설움보다
아빠 잃은 설움 찾아
무덤에 꽃 한송이

게으르다 밥 못 먹나?
입이 걸어 싱겁지!
까치님처럼

까치의 세계란?
동구 밖에 열매 맺는
한 송이 들국화

뒤지다

오!
사랑하는 그대
연필 굴려 입 벌리고
옷깃으로 여민 순정만화 소설
이때껏 쌓은 불심공법
죽겄다고 매몰차게 내던졌도만
거의 한다는 말
사랑합니다

꼴도 보기 싫다
여보 당신 그대 때문
간밤의 긴 소망
무척교 다리 밑 내 길 되어
문필로서 판가름 내소!
뜨는 해 지는 구름 가운데
꽃봉오리

꽃이 좋아 날 따르나
돈이 좋~~다
울엄마 호주머니 뒤지지

우리집 가정 수호신

꽃줄
갈길 먼 길 기록할 것 없다
부처님의 공갈 협박 무속바람

넓죽이표 생선 나르며
보고픈 들녘
님의 전당 그리네

이로 삼천리 가는 매로다

이득근이 건버섯 피고
가만히 들어보소

늙으나 고우나 똑같은 심정
꽃바위 옆에 끼고 놀고 싶은 심정

끼로 밥 샀냐?
무척이나 괴로운 시절

깁다 만 태백옷 길쌈놀이하며
길고 긴 태양빛
금년 한해 보살핀들
검은 머리 건강한 삶
누구의 것?

일손 다짐한고로 우리 엄마손
반찬 만들어 내 손에 넣고
무덤가에 핀 담배연기
부모님 전 뜻 보네

우리 엄마 길고 긴 인생
다음해엔 거듭나 꽃 되어
무덤에서 핀 하얀 꽃처럼
부처님 전 나무타불 건강하소서

내 가정 지키는 아미타불부처님

시골길

시골길 시골길 나의 고향
엄마하고 나하고
손잡고 건널던 그 길

망종이라 벼 베고 보리 심고
새참 반찬 나누네 우리 집

옛님이 그리워 돌담길 넘어로
이뿐이도 고아라 꽃동네

엄마 잃은 송아지 엄마 찾고
주인 잃은 망아지 날더위

우리 집 등넘어로 나팔꽃 피네
싸리문

구슬픈 제소리(제사)

탑 돌다 한숨소리 우렁차
반 바퀴 돌다 한바퀴 남겨놓으면
서방귀신 달라붙고
서서 걷다한들
그곳만은 못하다오

이 몸이 사골 되고
탑 돌다 지친 몸
서방님 뒤끝잡고

아이고머니 풍덩
심봉사 가신 님 따르것소

어메! 불공 드려 세운 이 몸
다시 못 뵈리 그날까지

거창한 생활들(= 무렵측면)

발 벗고 뛰어라
신발은 신은 채로
무엇하러 왔나? 배우러

배고픔에 설움 달래
무덤에서 힙장하고
제삿상 기리다가
옆집 무덤 파헤쳤소!

첫 삽 떠
하늘나라 신장귀신 불러들이고
두 번째 당골래 귀신 잡고
내 소원 일으키네 그대 품

목적 보고 염주 돌려
바깥세상 지장도량

백의 눈동자(흰옷)

여당베필 조막만 한 새살림
개울가의 빨래터 이불 꿰매고
즈려밟고 간들 돌다리뿐

태동이 온다 시냇물처럼
고운 갯버들 내님 손목 붙들며
하늘에서 핀 꽃처럼 향기도 곱네

개구리 개골개골 무덤 열리며
꽃가마 탄 님 따라
어기엉차 뱃놀이 가자

무엇하러 왔나!
내 뜻 받으러 왔지!

꼬부랑 연꽃받침
꽃잎 따 방구에 달고
한울림소리 내내
꽹과리소리 나불나불

이리도 곱나 한 방울에 피로다
무덤꽃

꽃전등

조명등 조명등
나의 조명등

하얀 불 노란 불
색깔마다 다르게 피어

밤이면 밤마다
더욱더 빛을 발해
빛나는 꽃 모양새
꽃이요

벌 나비 떼 몰고 다니는 꽃전등
꽃잎

길가의 꽃들

꽃이다 꽃
길가에 꽃

너의 넓죽 넓죽한 꽃을 보니
우울했던 마음도
그대로 사그라져(사라져)
뱅이꽃 물꽃 방이꽃

방긋방긋 피는 나비처럼
지극히 아름답구나

반갑다
꽃이여!

강물이 넘실거린다
어떻게 왔나?
누나가 보내서요!

그럼
다음은 바람 타고
그다음은 먼지와 함께 휩쓸려서

그 다음은 그냥그냥 보고잡아
그 다음은 너무 잊고 싶어서

그 다음은 너도 알다시피
그렇게 흐르고 싶다
바람처럼 날듯이

우리의 풍속도

끼로 배우면 밥도 사고요
접시꽃도 처지기
나도 몰라보도록

기쁜 우리 성탄일
석가탄신일

그 님이 볼까봐
뒷줄 앞줄 옆줄
길다랗게 서 있네

우리의 풍속도
길 나누기
길 뻗대기

히푼 꽃

꽃가마

건너 핀 꽃은 아름답지만
그냥 마냥
웃는 척 피는 꽃은
너펄너펄 실속기 없어

접시꽃처럼
넓숙 넓숙

쟁반접시 쟁반접시
히푼 꽃

화창한 봄날
이엉에 얹힌 꽃다발 보고

나비님 나비님
어서 빨리 오세요

우리 님이 그리다가 놓고 간
저 꽃 속에서

나랑 너랑
빈 술잔에
잔을 채우리

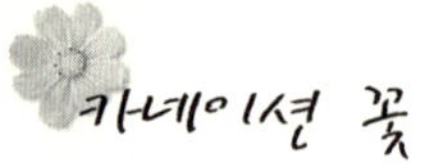

카네이션 꽃

카네이션 아름다운 꽃
동쪽에서 부는 바람
당신 가슴에 꽂혀

엄마가슴 젖가슴
당신 품에 그 너울

꽃가슴에 얼킨 꽃
카네이션

부모님 생신
엄마 젖퉁 만져보던 그날

카네이션 한 송이

염주 목걸이

염주야 염주야
걸고만 있니!

넘어질 때 쓰러질 때
너를 반기며

줄줄이 세어
부처님께 고한다

무어라고
걷는다 걷는다

부처님을 향하여
지고지순토록

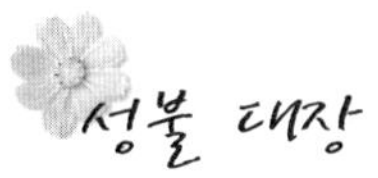

성불 대장

염주빛깔 내 빛깔

부처천당 내 천당

극락왕생 걸음걸음마다

부처소생 빛 되시며

부처님! 낮과 밤 가리지 말고

나의 성불대장 되소서

나무관세음보살

봄(= 님)

꾀꼬리처럼 다가와
나를 찾는다

봄

처마 끝에 고드름도
님을 만난 듯

흔적 없이 사라져
봄을 맞는다

우리의 한옥
기왓장

태양아! 붉다 나의 마음처럼

오!

하늘이여 !

태양이여 !

너의 색깔 붉듯이

나의 마음도 타오르는구나

먼 시간 그대가 말하듯이

그렇게 웃고만 있겠지?

냉이 철

냉이고개 보리고개
엄마가 잊지 못해
울던 고개
그 나물 밥상

그 옛날 옛적
우리내 엄마 아빠 식탁

꽁보리밥에 된장국
냉이 철

엄마 접시꽃

어머니 어머니
나의 어머니

동생 땜에
슬프지요

오늘 이 강산
엄마 없는 천사
얼른 커

동생의 꼬깔모
나의 뜻 되리

냉이 국

냉이 밥상
처음 밥상
봄

된장 맛에 꿀꺽
옹기종기 모여앉아
한 입만 더

봄의 시작
냉이 국

꽃잎

봄이 온다 봄이 와

누런 꽃잎 재치고

하얀 속살 드러낸 채

배꼽 달고

향긋한 봄 내음

색깔로

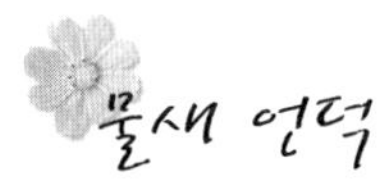

물새 언덕

물새 떼 옹기종기 모여
노래하네
엄마 짹짹 아기 짹짹

물가 언덕 위에 집 짓고

너도나도
아장아장 뒤뚱뒤뚱

우리는 한 가족
물새 언덕

님의 꽃 별나라

십오야 달 밝은 밤

부모님께 절하고

갑자을축 진사오미 신유술해

노래 부르며

님의 꽃 별나라

천년 묵은 홀씨

무덤 꽃피리

연꽃
소박하고 어쩜 풍요롭고

고귀한 손길로 접어
화분에 담긴 채
영혼의 길목 지키네

당신의 길목
지쳐가다가
쓰러질듯 말듯 엉거주춤
지쳐가는 삶

인내와 자비와 풍요로움으로
꽃잎 떨구어
날 지키소서

연꽃처럼
빛나는 생으로

길가에 버려진 꽃잎

방울방울 열린 꽃
숭얼숭얼 맺혔네

임자 없는 꽃처럼 나뒹굴어져
꽃봉오리 맺힌 한 슬프디야

눈물겹도록 시린 내 가슴
꽃송이 보고 웃었네

길가에 버려진 내 모습
꽃바구니

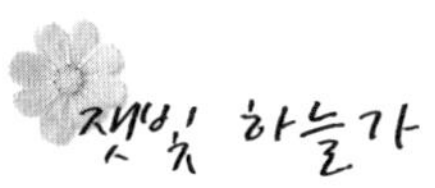

서럽다
잿빛 하늘이여!

낮과 밤 구분 못해
청둥오리 졸며

밤에만 우는 철새
낮에도 우네

휘영청 달 밝은
계곡 사이로

너의 속살 보여
어슥한 잿빛 별들

염주

염주야 염주야

걷는다

엄지손가락으로

저 하늘 저 땅 보며

님의 뜻 사뿐히 들고

이렇게 걷는다

엄지 엄지 엄지로

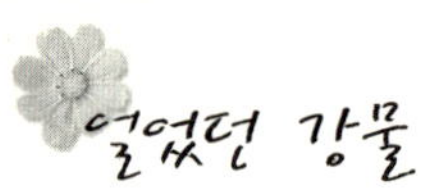

이치

잔잔한 물가

봄바람에 고물고물

물살 가르며

그냥 그렇게 맑은 샘물처럼

바람 따라 고물고물

봄을 맞는다

얼었던 강물

낙엽이 핀다
봄기운에

한겨울에 피는 낙엽은 누렇고
여름 반나절에 피는 꽃은 붉다

세월이 말해 주듯이

붉은 잎은
반나절의 붉은 태양 빛깔로 살고

누렇게 깃들어진 누런 잎은 소식
풍년화

긴 삼 자락

꽃가마가 왔다
사각진 굴레에

보랏빛 향 그윽한
안개 속의 구름처럼
빈 접시 화려하게 수놓네

꽃의 수명은?
활짝 펴 웃고 있으면 꽃
시들면 감자

꽃이여!
밤이슬 맞지 말고
접시꽃에 담긴 채

영원토록 생명이거라
꽃이여!

촛불은
어둠이 짙으면 짙을수록 밝다
오늘 같은 날
눈비 오고
창밖의 빛은 가리워진 채
촛불만 붉게 법당을 지키네

큰 스님 작은 스님 법문 열면

가라사대
천지가 지 명에 못 사니
눈 가리고 아웅하소
빚보살

우리이 중생복라
그 길만은 못하다
긴 삼 자락 우리의 승녀

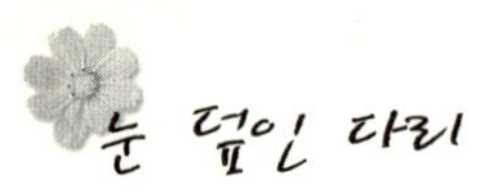

눈 덮인 다리

온 세상이 하얗다 푸른 잎들도

강가에 뿌연 안개 속 구름다리

견우와 직녀가 만나는 다리

안개 속 무지개 빛에 가려

두 님만 보고 걷는 다리

눈 덮인 다리

포근한 눈 덮인 들녘

포근한 봄날 눈이 와!
온천지에

왜 그럴까?
봄인데

꽃봉오리 핀 시샘의 눈
아니요

내 소원 가지고 오는 눈꽃송이
이 눈 맞으면

크고 작은 나무잎 고운 꽃 피며
다시 맞는 새봄
더욱 빛나리

봄에 뿌려지는 포근한 눈

돼지우리

꿀꿀 발도 펴고
나른한 점심 먹고
구중물에 얼굴 씻고

뒹글뒹글 노닐다가
우리 안에 집 짓고 새끼 낳고
한 가속 이루네
꿀꿀

돼지의 하루

엄마돼지 꿀꿀
아빠돼지 꿀꿀

모두 모여 합창하소
꿀꿀꿀

황금 물결

반짝반짝 작은 별 물위에 떴다

누가 먼저랄까!

물결 따라 바람 따라 반짝반짝

별님 햇님 그리워 부르는 노래

물위에 떠 있는 작은 별

낮과 밤 구분 없는

강물의 조명등

황금물결

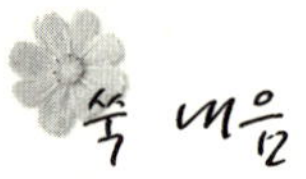

쑥 내음

파릇파릇 새싹 돋는다

따스한 수풀 속

그리워 울다가 지쳐 살포시

고개 내밀며

수줍은 듯

푸른 잎만 쏙!

봄의 향취

쑥

봄의 빛깔

꽃보다 아름다운 세상이 봄이다네
봄이 있어 만물이 소생하고

키 자라던 나무들 다시 커
새로운 풍경으로 약속이나 한 듯
온세상 덮네

봄의 빛깔
푸르름, 새싹, 생명의 영혼
식물이다

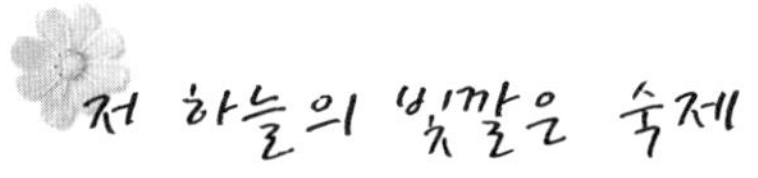

저 하늘의 빛깔은 숙제
미운님 고운님 다 만나

이 강산에 수를 놓으니
형님 먼저 아우 먼저
누구의 니물

둥근 놈 넙죽한 놈
모두다 자연의 이치(형태)

갈고 닦고 지지고 볶다보면
순수한 미감 맛
맛이다

맛보러 와요
맛의 농산

찬바람 부는 날

쏴 ~쏴~ 바람소리
영동 할머니의 시새움에
조용한 들녁 시끌벅적
(지나가는 나그네도 움추려)

언제나 조용할꼬?

이 밤이 지나 새벽이 오면

그때야 떨어진 꽃잎 보고 슬퍼
떠나리(물러가리)

영동할머니
바람귀신

노란수선화 접시꽃 갈매기처럼

수선화 꽃 당신의 그림

지장보살님처럼 치장도 하고

갔다놓으면 시들고

꺾지 않으면 영원한 꽃잎

그 모습 닮네

우리의 삶

지장보살 꽃잎처럼

어머니

어머니
어머니

눈물만큼이나 고귀한
당신의 어머니
이미님

나의 숨결로
오늘도 깊고도 험한 세상을

이렇게
값진 보배롭게
깊은 생각사로

읽고 읽고 읽고
또 읽어서

어머님 은혜 고이 지킨 터
나의 누이 시고롭구나

어머니 감사합니다

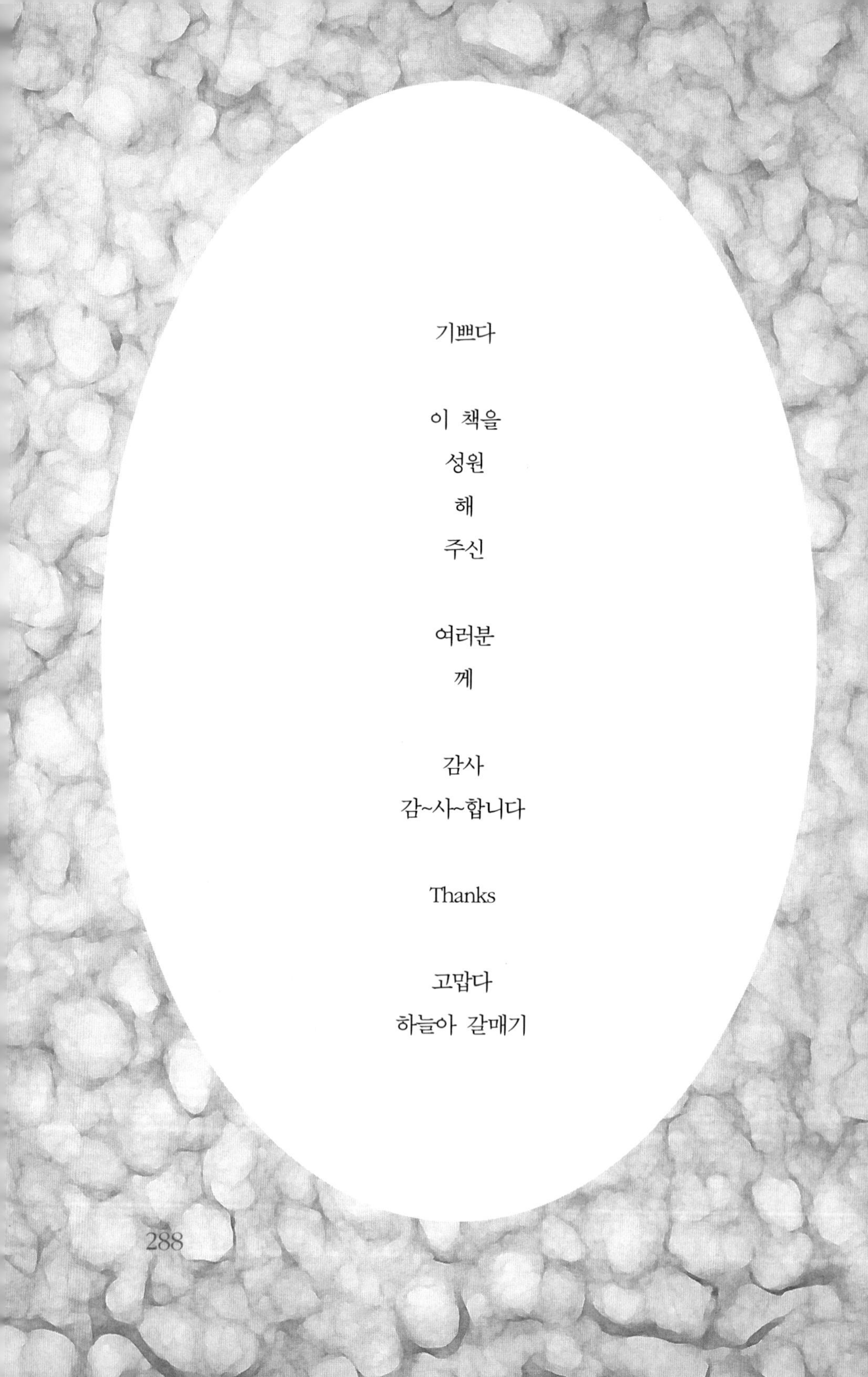

기쁘다

이 책을
성원
해
주신

여러분
께

감사
감~사~합니다

Thanks

고맙다
하늘아 갈매기